P. Marcelo Cano
Varón de Dolores

P. Marcelo Cano

VARÓN DE DOLORES
La Flagelación de Jesucristo según la Sábana Santa de Turín

Ediciones del Verbo Encarnado
San Rafael (Mendoza) Argentina - 2018

*"Dichosos los que te aman; en tu paz se alegrarán.
Dichosos cuantos se entristecieron por tus azotes,
pues en ti se alegrarán contemplando toda tu gloria,
y se regocijarán para siempre"*
(Tobías 13, 15).

A mi querida Madre, a mis hermanos
el Padre Diego y la Hermana María Virgine;
y a todos los miembros de mi querida
Familia Religiosa del Verbo Encarnado.

AGRADECIMIENTOS

Tengo que dar las gracias a las personas que de una u otra manera me han ayudado a confeccionar este libro: Ana Maria Anzulovich, P. Miguel Ángel Fuentes, IVE; Hermana Maria Virgine Cano, SSVM; P. Reynaldo Anzulovich, IVE, Diego Ibarra, P. Joaquín Vicente, IVE y a los Seminaristas que trabajan en EDIVE, y a José Reche por su colaboración.

I. INTRODUCCIÓN

En este estudio sobre la Flagelación de Jesucristo nos guiará principalmente la Sábana Santa de Turín.

Las mejores disposiciones al contemplar la Sábana Santa deben ser la humildad y el espíritu de oración; ya que, de esta manera, podremos acercarnos con una actitud más adecuada a Jesús y al misterio de su Pasión, Muerte y Resurrección, porque como enseña el P. Luis de la Palma, S.J. reflexionando sobre la Pasión de Cristo: *"Por cualquier parte que la miremos, ora sea por parte de la Persona que padece, ora de la cosas que padece, ora del fin por que las padece, es la cosa más alta, y las más divina y secreta que ha sucedido en el mundo después que Dios le creó, ni sucederá hasta el fin de él"*[1].

Nuestra fe se basa sobre las verdades reveladas y encuentra su fundamento en las Sagradas Escrituras, en la Tradición de los Padres y en el Magisterio de la Iglesia. Los evangelistas, iluminados por el Espíritu Santo nos *"comunican fielmente lo que Jesús Hijo de Dios, viviendo entre los hombres, hizo y enseñó realmente para la salvación de ellos, hasta el día que fue levantado al cielo"*[2].

La Sábana Santa, por lo tanto, nada agrega a la Revelación que nos trajo Jesucristo y que se cerró con la muerte del último Apóstol, pero puede satisfacer nuestro deseo de saber *"el cuánto y el cómo"* quiso Jesús sufrir por nosotros, ayudándonos al mismo tiempo, si estamos bien

---

1 L. de la Palma, S.J., *Historia de la Pasión,* Madrid 1967, p. 197.
2 Concilio Vaticano II; *Dei Verbum,* 19.

dispuestos, a la contemplación y a la oración, que son los medios que tenemos para alcanzar una mayor unión con Jesucristo.

La Sábana Santa de Turín, también llamada Síndone[3], es la reliquia más importante que posee la Iglesia Católica[4], es el lienzo que cubrió el Cuerpo de Cristo en el Sepulcro, sus medidas son 4,41 metros de largo y 1,13 metros de ancho, tiene un espesor de mm. 0,33 aproximadamente (menos de un milímetro) y un peso de 1,05 Kg.[5]. Contemplándola observamos que aparecen sobre ella dos tenues semblanzas de un cuerpo humano de tamaño natural **(Figura 1)**.

Ellas se alargan cabeza contra cabeza, una es la imagen de la parte frontal del cuerpo y la otra es la imagen dorsal, las dos figuras están separadas por un espacio que no deja marcas. Los detalles de una pin-

---

[3] Síndone viene del término griego *"sindon"*, que significa "tela de lino".

[4] Me expreso en este trabajo dando por supuesto que el lector acepta conmigo la posición de muchos de los estudiosos de la Síndone que afirman que las pruebas sobre la identificación de ésta con el lienzo que cubrió el cuerpo de Cristo en el sepulcro son concluyentes. No es el cometido de este trabajo entrar en mérito de tales pruebas, que se pueden leer en los mejores estudios de sindonología (G. Ricci, *L'Uomo della é Gesú*, Santa Maria degli Angeli (Assisi) 1985; M. Solé, *La Sábana Santa de Turín*, Bilbao 1986; J.L. Carreño Etxeandía, *La Sindone Ultimo Reporter*, Roma 1978; G. Judica-Cordiglia, *L'Uomo della Sindone è il Gesù dei Vangeli?*, Roma 1974; P. Baima Bollone, *Sindone e Scienza*, Torino 2000; *2015 - La Nuova Indagine sulla Sindone*, Borgaro Torinese 2015;E. Marinelli, *La Sindone Testimone di una presenza*, Torino 2010; L. Fossati, *La Sacra Sindone. Storia documentata di una secolare venerazione*, Torino (2000); B. Frale, *La Sindone di Gesù Nazareno*, Bologna 2009; J. de Palacios Carvajal, *La Sábana Santa Estudio de un cirujano*, Madrid 2009; J. Loring, S.J., *Motivos para creer*, Barcelona 1997; *La Sábana Santa, dos mil años después*, Barcelona 2000; F. Anson, *La Sábana Santa*, Madrid 1999; N. Balossino, *Sindone immagini per la conoscenza*, Torino 2010; D. De Matteis – A. P. Bramanti, *Sacra Sindone Un mistero tra scienza e fede*, San Giorgio Jonico 2010; M. Hesemann, *Testimoni del Golgota, Le reliquie della passione di Gesù*, Cisinello Balsamo (MI) 2003; A. Tornielli, *La Sindone Inchiesta sul Mistero*, Cittá di Castello 2010). De todos modos, si alguno no se sintiese convencido sobre esta identificación, bastará que interprete todas mis afirmaciones sobre lo que la Síndone nos enseña sobre la Pasión de Cristo en el sentido de: "nos ilustra sobre el modo más probable en que tuvieron lugar los padecimientos de Jesucristo".

[5] P. Baima Bollone, *2015 - La Nuova Indagine sulla Sindone*, Borgaro Torinese 2015, pp. 95-99.

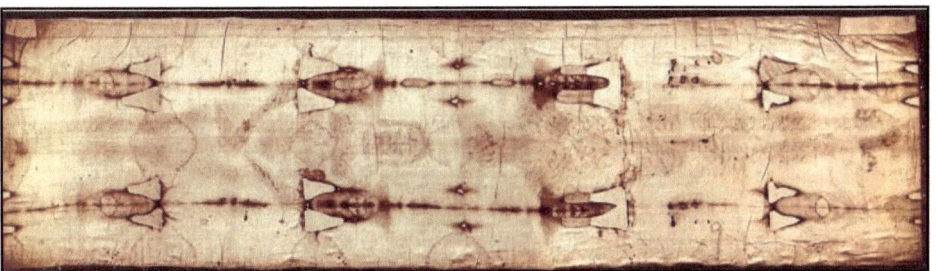

Fig. 1: La Sábana Santa de Turín tal cual se puede ver.

tura de Giovanni Battista Della Rovere (siglo XVII) muestran cómo fue empleada la Sábana Santa para envolver el Cuerpo de Jesús **(Figura 2)**.

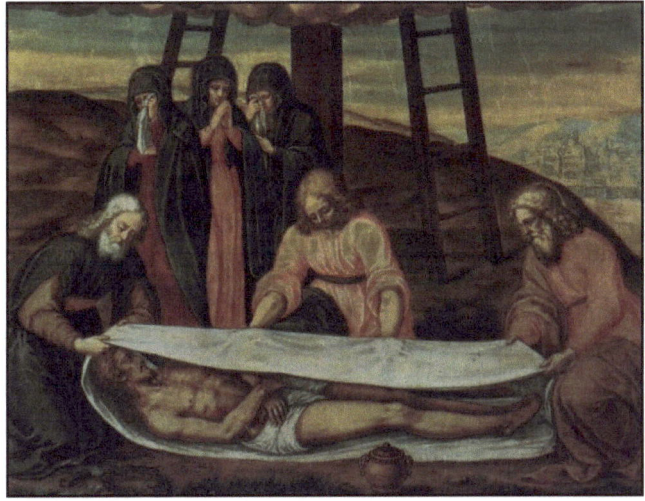

Fig. 2: Miniatura de Giovanni Battista Della Rovere (Galeria Sabauda, Turín).

Probablemente la Sábana Santa estaba ajustada al cuerpo con la ayuda de otras telas. Por eso en la Síndone aparecen las figuras frontal y dorsal yuxtapuestas por la cabeza **(Figuras 3a y 3b)**.

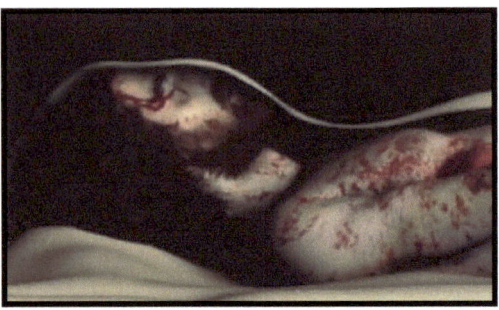

Fig. 3a: Reconstrucción pictórica de la sepultura.

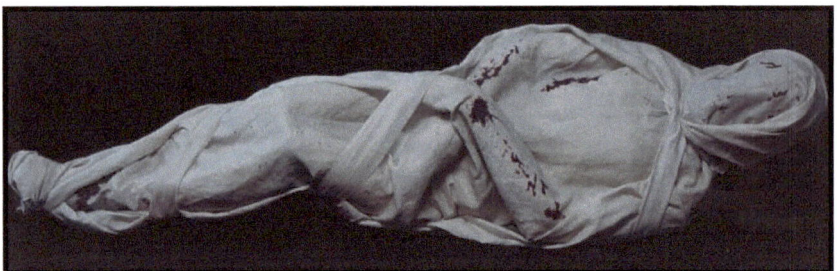

Fig. 3b: Reconstrucción escultórica de la sepultura.

Las dos figuras humanas están formadas por manchas de dos tipos y colores distintos: la imagen del cuerpo es de un color amarillento que se diferencia del color de la misma tela solo por la mayor intensidad, mientras que las zonas ensangrentadas aparecen rojizas **(Figura 4)**.

El traspaso sobre la tela ha sucedido en dos modos diversos: de los exámenes resulta que las manchas de sangre se han formado sobre la tela por contacto directo, mientras que las imágenes del cuerpo son una

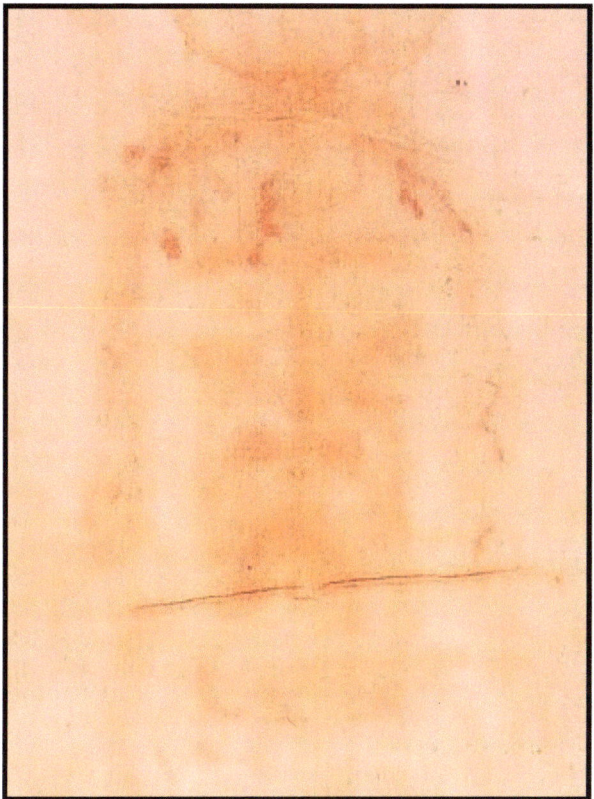

Fig. 4: Rostro Sindónico.

especie de "*proyección*" y no tienen líneas netas de demarcación: sobre los bordes de la imagen el color va desapareciendo gradualmente.

La Sábana Santa de Turín es un "*unicum*", nadie ha podido explicar cómo se ha formado y nadie la ha podido reproducir, ni siquiera los cientos de científicos que desde hace 110 años la han estudiado al detalle, incluso con la ayuda de la mejor tecnología. Todas las investigaciones que se han hecho sobre la Sábana Santa, por ejemplo de la Historia, de la Arqueología, de la Medicina Legal, de la Biología, de la Bioquímica, de la Numismática, de la Palinología, todas confirman su autenticidad.

Es importante recordar que no todos los investigadores fueron católicos, hubo protestantes como por ejemplo el polinólogo, en su momento el más importante del mundo, Max Frei; hubo científicos hebreos como Avinoam Danin[6] y también agnósticos y ateos. Todos estos hablan y confirman la autenticidad de la Síndone.

La única nota discordante la dieron los analistas del C-14 (Carbono 14), que desde el primer momento se sabe fue incorrecta. Es sabido que la Sábana Santa no es un objeto adecuado para ese tipo de análisis, porque estuvo mucho tiempo expuesta al contacto con elementos que enriquecieron o alteraron la cantidad de C-14. Muchos científicos se oponían a este estudio. Entre los que no estaban de acuerdo se encontraba, quien descubrió el método de datación por medio del análisis de C-14, el Dr. Williard Frank Libby[7].

La Sábana Santa no es una pintura[8]. El delicado sombreado de la impronta sólo permite discernir con suficiente claridad los límites del cuerpo[9] a quien mira desde una distancia de entre dos y nueve metros.

---

[6] Profesor emérito de la Universidad Hebrea de Jerusalén, ha escrito un libro muy interesante donde explica el descubrimiento de flores y plantas en la Sábana Santa de Turín, y en donde aporta datos muy importantes para la autenticidad de la Sábana Santa.

[7] De la Universidad de Chicago, **Premio Nobel en el año 1960 por descubrir el método del C-14**. Libby sostenía que este método, no se puede aplicar a la Sábana Santa, decía literalmente: "***Existen fuentes radioactivas que han enriquecido el C-14 de la Sábana Santa***", y que por lo tanto la han rejuvenecido. Cfr. Diario, *Las Provincias*, de Valencia, España, 19/04/1989, p. 28; Cfr. J. LORING, S.J., *Motivos para creer*, Barcelona 1997, p. 79.

[8] En la Sábana Santa no hay indicios de pintura. Los estudios hechos por los científicos estadounidenses John H. Heller y Alan D. Adler demuestran que no hay rastros de pigmentos minerales ni orgánicos. Esta ausencia de pigmentos ha sido confirmada por la radiografía y por la termografía al infrarrojo. Cfr. E. MARINELLI, *La Sindone Testimone...*, pp. 130-131; 138-142. Por lo tanto, si hay alguien que afirma que la Sábana Santa es una pintura, o no sabe lo que dice, o miente que es peor.

[9] La imagen Sindónica posee una curiosa propiedad óptica, se hace visible solo si nos ponemos delante de ella a más de dos metros de distancia, pero no a más de nueve metros. Yendo más allá de esos límites (más cerca de dos metros o más lejos de nueve

Varón de Dolores

Las zonas prominentes del cuerpo (como por ejemplo la nariz y los párpados), han dejado una marca más oscura, mientras que las partes encavadas o menos prominentes han dejado una coloración mucho más clara. La fineza de los matices resulta mucho más evidente en la fotografía negativa que sobre la misma Síndone tal cual se puede ver **(Figura 5)**.

Podemos sintetizar la descripción del Hombre de la Sábana Santa del siguiente modo: se trata de la imagen de un varón con barba[10], más o menos de 1,78 a 1,83 metros de altura. La edad se calcula de unos 30/35 años y su peso está alrededor de los 80 kg. Es un hombre bien constituido y musculoso, un hombre acostumbrado a los trabajos manuales y a las largas caminatas[11].

Llama la atención por las perfectas proporciones de su Cuerpo. Según el Dr. Judica-Cordiglia[12]: desde el punto de vista de su constitución somática está visto que se trata de un individuo de particular belleza, y prestancia física no común. Perfecto en la masa corpórea. Es un cuerpo perfecto de varón[13]. Ciertamente que esta última afirmación, no sor-

---

metros) la imagen improvisamente desaparece. Cfr. B. Frale, *La Sindone e il ritratto di Cristo*, Terni 2010, p. 117. Un artista no puede pintar si no distingue (de alguna manera) los trazos que está dando con su pincel. Si la Sábana Santa fuera una pintura, **(que no lo es)**, el supuesto artista debió, pues, de utilizar un pincel de al menos dos metros de longitud. Cfr. E. Marinelli, *La Sindone Testimone…*, p. 140.

[10] En Strasburgo a partir de una muestra de Sangre de la Sábana Santa se ha obtenido el aislamiento de los genes, sea del cromosoma X que del Y, lo que confirma que se trata de sangre correspondiente a un varón. Un idéntico descubrimiento ha sido anunciado por Victor Tryon genetista de la Universidad de San Antonio en Texas (EEUU), que ha usado sangre de la zona occipital. Tryon sostiene que el ADN de la Sindone es humano, de varón y muy antiguo: presenta solo 323 pares de base, mientras que un ADN reciente posee millones. Lo que significa que se ha erosionado con el pasar del tiempo. Es inútil agregar que todos los discursos sobre la clonación de esta sangre son puras fantasías. Cfr. E. Marinelli, *La Sindone Testimone…*, p. 80.

11 Cfr. G. Judica-Cordiglia, *L'Uomo della Sindone è il Gesù dei Vangeli?*, Roma 1974, p. 53.

12 Profesor de Medicina Legal en la Universidad de Milán, estudió la Sábana Santa más de 40 años, practicó más de 2000 autopsias en el Instituto de Medicina Legal de Milán.

13 Cfr. G. Judica-Cordiglia, *L'Uomo della Sindone è…*, pp. 49-60.

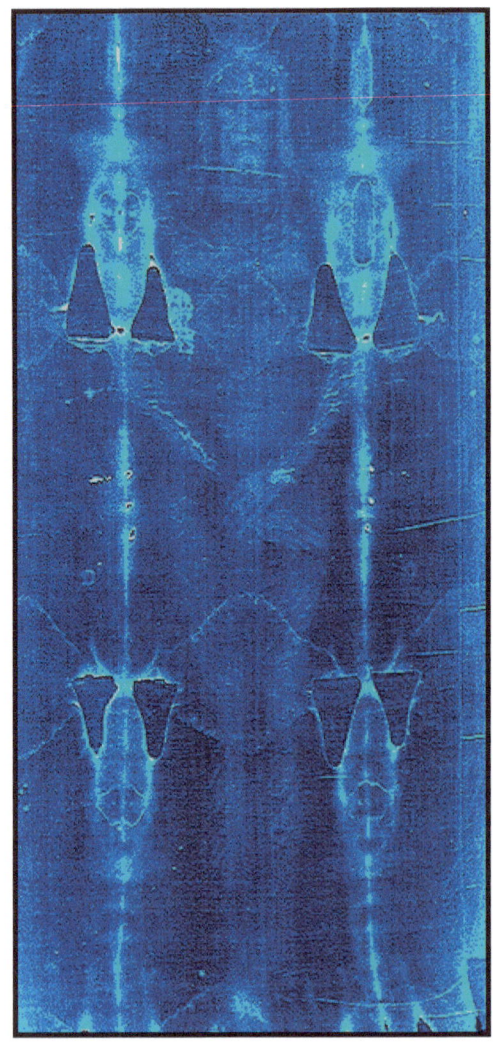

Fig. 5: Síndone, negativo frontal.

prende a aquellos que creemos en la Encarnación del Verbo, obrada por el Espíritu Santo en el seno purísimo de la Virgen Madre.

Un examen de los signos visibles sobre el cuerpo hace deducir que el Hombre de la Sábana Santa fue flagelado, coronado de espinas y crucificado. Con particular claridad, sobre la imagen frontal, está reproducido el rostro, que presenta signos de múltiples traumas (excoriaciones, hematomas, etc.), sin embargo, en su conjunto el rostro tiene un aspecto majestuoso y sereno[14].

La Sábana Santa, también llamada *"la madre de todas las reliquias"*[15], es la reliquia más emocionante ya que nos ofrece la auténtica imagen de Cristo autografiada con su Sangre[16].

El gran poeta Paul Claudel[17] asombrado por la belleza y majestuosidad del rostro del Hombre de la Sábana Santa exclamaba: *"La imagen es de una veracidad que espanta... Más que una imagen es una presencia"*[18] **(Figura 6)**.

---

14   Cfr. E. Marinelli, *La Sindone Testimone...*, pp. 17-18.
15   M. Hesemann, *Testimoni del Golgota, Le reliquie della passione di Gesù*, Cisinello Balsamo (MI) 2003, p. 384.
16   Téngase en cuenta lo que hemos afirmado en nota más arriba sobre nuestra posición al respecto. El P. Luigi Fossati, S.D.B, explica muy bien el por qué se puede considerar la Sábana Santa como una reliquia: *"Etimológicamente reliquia en sentido estricto es lo que queda y se entiende del cuerpo humano o de alguna parte de él. En un sentido más amplio se llaman reliquias los objetos que estuvieron en contacto con una persona porque han absorbido sus preclaras virtudes* (Enc. Catt., X, coll. 749-761). *La presencia de sangre humana visible sobre la Síndone, confirmada por los médicos, exige el contacto entre el cuerpo y la sábana con el resultado de que ya sea la sangre como el cuerpo, han dejado marcas de su presencia por lo cual efectivamente la Síndone se puede considerar reliquia"* L. Fossati, *La Sacra Sindone. Storia documentata di una secolare venerazione*, Torino 2000, pp. 14-15.
17   Paul Claudel (†1955) un importante diplomático, académico y poeta francés. Entre el catálogo de sus obras se encuentran numerosas obras de teatro, poesías, ensayos, diario de memorias y correspondencia.
18   J.L. Carreño Etxeandía, *La Sindone Ultimo Reporter*, Roma 1978, p. 50. *"Plus qu'une image c'est une présence"*.

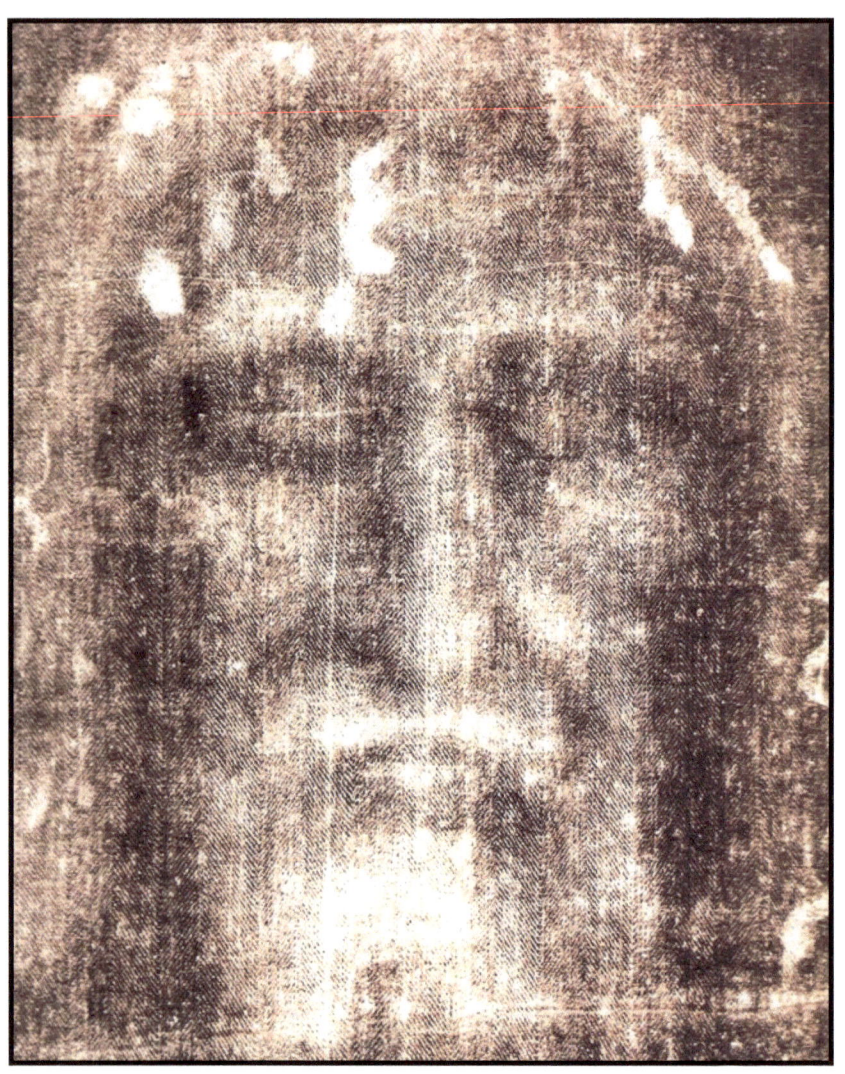

Fig. 6: Rostro del Hombre de la Síndone (negativo fotográfico).

Varón de Dolores

Cada gota de sangre absorbida por la Sábana Santa, cada signo que ha quedado impreso sobre la trama del santo lino, son excepcionales testigos de los Evangelios, de tal manera, que están en grado de revelarnos situaciones, detalles, procesos y hechos que, si no fuera por la Sábana Santa, quedarían desconocidos para siempre. Ella nos ofrecerá una ayuda interesante, para conocer en parte, el *"cómo"* fueron, en modo especial, los tormentos de Jesús sufridos en su Pasión.

La Sábana Santa, por lo tanto, es, para quien la sabe contemplar, una meditación maravillosa de la Pasión, ella nos dice *"cómo"* fue la dolorosa Pasión de Cristo; nos llevará a una imagen tan real de lo que nuestro Señor tuvo que padecer, como si nos encontráramos en ese mismo momento[19].

Nos dará la posibilidad de revivir como si fuéramos testigos presenciales toda la Pasión de Cristo; la Sábana Santa nos transporta en el tiempo y en el espacio hasta la misma Jerusalén, durante aquellos días de la Primera Semana Santa de la Historia, y así nos da la oportunidad de ver y conocer un poco más, cómo fue la terrible flagelación, cómo fue aquella inusitada coronación de espinas, cómo Cristo subió al Calvario y de poder contemplar cada detalle de cómo Cristo agonizó y murió sobre la Cruz, ofreciendo su vida por todos y cada uno de nosotros para nuestra eterna salvación. Incluso nos conduce hasta el mismo Santo Sepulcro, para que veamos cómo fue sepultado y para que también seamos, junto con la Sábana Santa, testigos privilegiados de la triunfante Resurrección de Jesucristo.

Al ofrecernos tantos detalles e información sobre Cristo, en particular sobre su Pasión, Muerte y Resurrección, algunos llaman a la Sábana Santa *"El 5º Evangelio"*[20]; otros la han llamado: *"El Último Reportero*

---

[19] M. G. Siliato, *El Hombre de la Sábana Santa*, Madrid 1987, p. 85: *"Por el concurso de una serie de circunstancias singulares y, sin embargo, ya indiscutibles, la Sábana ofrecía así un documento histórico sin parangón posible, el más horroroso y antiguo hallazgo de medicina legal y de criminología del que se tuviese memoria"*.
[20] J. Loring, S.J., *Motivos para...*, p. 74.

Gráfico"[21]*, "un espejo del Evangelio"*[22]*; "Atlas de la Pasión de Cristo"*[23]*, y "Enciclopedia de la Pasión, Muerte y Resurrección de Cristo".*

Además es muy importante destacar que muchos Pontífices han manifestado su amor y devoción a la Sábana Santa. En estos últimos tiempos, por ejemplo, el Papa San Juan Pablo II, no ahorraba elogios para hacer tomar conciencia a todos los fieles del mundo de la importancia de la reliquia que envolvió el Cuerpo de Cristo y que se conserva en Turín. Estas son algunas de las enseñanzas que nos ha dejado el Santo Pontífice sobre la Sábana Santa:

"La reliquia más espléndida de la Pasión y de la Resurrección"[24].

"La Sábana Santa, reliquia extraordinaria y misteriosa, es un testigo singularísimo – si aceptamos los argumentos de tantos científicos – de la Pascua: de la pasión, de la muerte y de la resurrección. ¡Testigo mudo, pero al mismo tiempo sorprendentemente elocuente!"[25].

(Después de haberla venerado de rodillas)*: "Lo que importa al creyente es que la Sábana Santa es un espejo del Evangelio... la imagen tiene una relación tan profunda con cuanto los Evangelios cuentan de la pasión y muerte de Jesús que todo hombre sensible se siente interiormente tocado y conmovido al contemplarla"*[26].

---

21 J.L. Carreño Etxeandía, *La Sindone...*, Roma 1978, p. 24.

22 San Juan Pablo II, Homilía pronunciada durante el momento de Solemne veneración de la Sábana Santa en la ciudad de Turín, Domingo 24 de Mayo de 1998, *L'Osservatore Romano*, 31 de Mayo de 1998.

23 L.E. Mattei, *L'Icona divenuta Scultura*, in *"Le icone di Cristo e la Sindone"* di Lamberto Coppini y Francesco Cavazzuti, Torino 2000, p. 232.

24 San Juan Pablo II, Regina Coeli del Domingo 30 de abril, *L'Osservatore Romano*, 21-22 de abril de 1980, p. 2.

25 San Juan Pablo II, Visita Pastoral a la Diócesis de Turín, Homilía del Domingo 13 de abril de 1980, *L'Osservatore Romano*, 14-15 de abril de 1980, p. 4.

26 San Juan Pablo II, Homilía pronunciada durante el momento de Solemne veneración de la Sábana Santa en la ciudad de Turín, Domingo 24 de Mayo de 1998, *L'Osservatore Romano*, 31 de Mayo de 1998.

Varón de Dolores

"Doy las gracias de corazón... por haber ofrecido a los creyentes, que acudirán de todas partes, la posibilidad de venerar este singular testimonio de Cristo. Cada vez que se tiene la posibilidad de contemplarla, se queda profundamente impresionado"[27].

---

27 San Juan Pablo II, Ángelus del Domingo 13 de Agosto de 2000.

II. LOS EVANGELIOS

En cuanto al tormento de la flagelación, los evangelistas no tenían necesidad de describir nada, ya que este terrible suplicio era suficientemente conocido por todos sus lectores. Les bastaba decir, como escribe San Juan: "*Pilato tomó a Jesús y le azotó*"[28] o como narra San Marcos: "*después de haberlo azotado*"[29], para que todos aquellos a quienes iban dirigidos los Evangelios, entendieran perfectamente lo que eso significaba, pues, la flagelación estaba aún vigente en las leyes y en el ambiente, incluso muchos de los lectores de los Evangelios seguramente habían tenido ocasión de presenciar ese espectáculo; por eso, no hacía falta agregar nada más sobre la flagelación, ni describirla.

Por su parte, San Lucas deja en claro cuál era el plan de Pilato; quien después de haber comprobado la inocencia de Cristo dijo: "*Nada digno de muerte se le ha probado. Después de darle una lección* (paideusas)*, lo soltaré*"[30]. El plan de Pilato, era castigarlo y dejarlo libre. Por lo tanto, en la mente de Pilato, la flagelación en un principio, era el único castigo que se proponía dar a Jesús, ahí terminaría todo, en una dura lección; pero, como muy bien sabemos, el plan de Pilato fue todo un fracaso.

---

28 San Juan 19, 1.
29 San Marcos 15, 15.
30 San Lucas 23, 15-16.22.

III. LA HISTORIA Y LA ARQUEOLOGÍA

Para valorar con más precisión esta escueta afirmación evangélica: *"tomó a Jesús y lo azotó"*, tenemos que recordar lo que aquel suplicio realmente significaba, según los datos que se poseen de la antigüedad.

Según la historia antigua, existían dos formas o modos de flagelar:

El modo Judío: *more judaeorum*.

El modo Romano: *more romanorum*.

1. More Judaeorum

Veamos en primer lugar, la flagelación según el modo Judío.

En el pueblo judío, la flagelación que se practicaba, era en una forma más benigna.

El Talmud describe así el suplicio: *"He aquí como se le azotaba: se le atan las manos a una columna desde los dos lados, el ministro de la sinagoga tira de los vestidos para que se desgarren o descosan, hasta que quede descubierto el pecho; detrás del reo se pone una piedra, sobre la que se coloca el ministro de la sinagoga, teniendo en las manos una correa retorcida una o dos veces"*[31].

---
31 M. de Tuya, *Del Cenáculo al Calvario*, Salamanca 1962, p. 446.

Según la Ley del Antiguo Testamento, sólo se podían dar hasta cuarenta golpes[32] pero para que la Ley, involuntariamente, no se traspasase sólo se daban treintainueve[33].

Los azotes, dice el Talmud, debían *"alcanzar hasta el vientre"* y se le daban así: *"un tercio de ellos se le daban por delante (de su cuerpo) y los otros dos tercios, por detrás del condenado".* Este no debía estar: *"ni de pie ni sentado, sino inclinado".* Y estaba regulado también que el sayón *"le diese con una sola mano, pero con toda su fuerza"*[34].

2. MORE ROMANORUM

Veamos ahora, en segundo lugar, la flagelación según el modo o método Romano.

Los romanos tenían prohibido por las leyes Porcia (195 a.C.) y Sempronia (123 a.C.) que se aplicase este suplicio a los ciudadanos romanos[35].

Solamente se podía aplicar a los esclavos y a los no romanos. Cuando en cierta ocasión la autoridad romana quiso azotar a San Pablo, el Apóstol lo impidió, invocando la ciudadanía romana[36].

La flagelación romana se daba con el *"flagellum"*, y según la ley romana, este castigo era usado o como medio de tortura para obtener

---

32 Deuteronomio 25, 2-3: *"Si el culpable merece azotes, el juez le hará echarse en tierra en su presencia y hará que le azoten con un número de golpes proporcionado a su culpa. Cuarenta le podrá infligir, pero no más, no sea que, si lo golpea más, sea excesivo el castigo, y tu hermano quede envilecido a tus ojos".*
33 II Corintios 11, 24: *"Cinco veces recibí de los judíos los cuarenta azotes menos uno".*
34 M. DE TUYA, *Del Cenáculo al...*, p. 447.
35 CICERON, *Pro Rab.* 4; Hechos de los Apóstoles 22, 24-25.
36 Hechos de los Apóstoles 22, 25: *"Cuando le tenían estirado con las correas, dijo Pablo al Centurión que estaba allí: '¿Os está permitido azotar a un ciudadano romano sin haberle juzgado?'".*

un secreto o información, como en el caso de San Pablo[37], o como para castigar cualquier delito menor sin ninguna referencia a otros suplicios mayores (como la cruz, la decapitación, el fuego…), o también se usaba como un castigo que precedía o introducía a la crucifixión[38], en este caso, el condenado era flagelado mientras se dirigía al lugar del suplicio.

Este *"flagellum"* como suplicio y como instrumento tenía dos nombres y dos formas.

El simple *"flagellum"* era un fuste que tenía adheridas solo una o varias correas (loris) **(Figura 7)**.

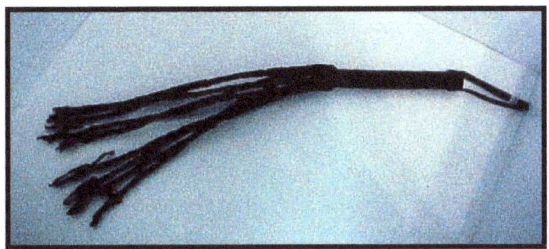

Fig. 7: Flagelo de varias correas.

También, en vez de sogas o cuerdas, se podían emplear para la flagelación varas o varillas. Este método más leve, también se podía aplicar a los ciudadanos romanos, como testimonia San Pablo, quien lo experimentó en carne propia por tres veces: *"Cinco veces recibí de los judíos cuarenta azotes menos uno. Tres veces fui azotado con varas"*[39]. Parece ser, que una de esas tres veces es la que se narra en los Hechos de los Apóstoles: *"Toda la muchedumbre se levantó contra ellos, y los pretores mandaron que desnudos, fueran azotados con varas, y después*

---

37 Hechos de los Apóstoles 22, 24: "*El tribuno mandó llevarlo dentro del cuartel y dijo que lo sometieran a los azotes para averiguar por qué motivo gritaban así contra él*".
38 Tito Livio, *Ann.* XXXIII, 36.
39 II Corintios 11, 24-25.

de hacerles muchas llagas los metieron en la cárcel, intimando al carcelero que los guardase con cuidado"[40].

Pero generalmente para los esclavos y en los casos más graves (pero que no eran ciudadanos romanos), se usaba el *"flagellum"* en su forma especialmente cruel, también a veces llamado *"flagrum"*[41] que a su vez, tenía dos tipos:

El flagrum llamado: *Scorpiones*, que era un fuste o palo, con correas, pero al que se unían en sus extremidades, trozos de huesos, puntas de madera o bolitas de plomo **(Figura 8)**.

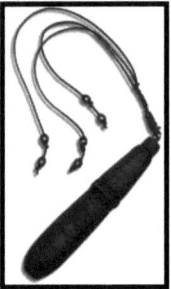

Fig. 8: Flagrum tipo "escorpión".

El flagrum llamado: *Plumbata*, que era un fuste o palo, con correas o cadenas, que tenían adheridas a las correas trozos de huesos, o que terminaba en cadenas retorcidas, con bolas de plomo. En las Catacumbas se encontraron tipos de flagelos que en lugar de fuste o palo, tenían un aro, unido a una cadena, en cuya extremidad tenía otro aro más pequeño del que pendían unas cadenas terminadas en bolas de metal[42] **(Figura 9)**.

---

40 Hechos de los Apóstoles 16, 22-23.
41 Filon, *In flaccum*. X, 78, 299.
42 M. de Tuya, *Del Cenáculo al...*, p. 447.

Fig. 9: Flagrum tipo "plumbata".

Para aplicar la *"flagelación"* se desnudaba al reo en su mayor parte[43]. A San Pablo y Timoteo los azotaron, en Filipos, pero antes *"les rasgaron los vestidos"*[44], es decir, *"los desnudaron"*, para azotarlos con varas.

Luego se les ataba fuertemente a la columna, así se lee en Plauto: *"Atadlo fuertemente a la columna"*[45]. Artemidoro describe que el condenado a la flagelación era atado a una columna, normalmente desnudo y con el dorso en una posición curva[46].

El suplicio de la *"flagelación"* se solía practicar, públicamente, en el foro o ante el juez que dictaba la sentencia[47]. En ocasiones los mismos jueces aparecen excitando a los verdugos a que azoten más fuerte, o a que sigan golpeando[48].

Los ministros o sayones que lo ejercían eran los *"lictores"* si el juez

---

43 Cicerón, *In Verrem* II, 1.
44 Hechos de los Apóstoles 16, 22.
45 Plauto, *Bach* IV, 7, 24: *"Adstringite ad columnam fortiter"*.
46 Cfr. Artemidoro, *El arte de los sueños*, I, 78.
47 Cfr. Josefo, *Bell Jud.* II, 14, 9; V, 11, 1.
48 Cfr. Suetonio, *Cali.* 26; Cfr. Tito Livio, *Ann.* XXVI, 16.

que dictaba la sentencia tenía jurídicamente éstos a su servicio[49]. De lo contrario lo ejercían los *"milites".*

Solían azotar al reo dos, cuatro o seis verdugos, elegidos entre los más diestros y vigorosos[50], renovándose por turno.

Mientras la Ley judía señalaba en los azotes un tope de cuarenta, en la jurisprudencia romana no se señalaba un límite, quedando éste a discreción del juez que lo determinase.

Los golpes no sólo caían sobre la espalda, sino que incluso sin intentarlo, también caían sobre otras partes del cuerpo. La flagelación según el método romano, con el tipo de flagelo que se utilizaba, y sin límites de golpes era un castigo brutal, cruel y salvaje; algo horroroso e inhumano, que muchas veces podía causar hasta la misma muerte al flagelado[51].

Como ejemplo de lo que era la flagelación según el método romano, podemos escuchar el testimonio de Horacio: *"La víctima es destrozada por los latigazos hasta el punto de asquear a los verdugos, cuando caen sobre sus cuerpos la sangre y los tejidos del reo que, en pedazos, los salpican"*[52]. También nos ofrece una descripción de este cruel suplicio Cicerón: *"lo rodearon seis lictores fuertísimos y sumamente expertos en golpes. Los latigazos caen cruelmente sobre su cuerpo; el lictor más próximo golpea los ojos de Cayo con el mango del azote, se desploma el golpeado y siguen flagelándolo en el suelo. Es retirado como muerto y pronto desfallece"*[53].

---

49 Cfr. Filon, *In flaccum.*
50 Cfr. Ciceron, *In Verrem* VI, 7, 24.
51 Cfr. Horacio, *Sat.* 1. 2, 41: habla de un flagelado a muerte "flagellis ad mortem caesus". Cfr. Ulpiano, *Institutiones*, 48, 19 "de poenis" 8: "plerique, dum torquentur, deficere solent". Cfr. Ciceron, *C. Verrem: Act.* II, 4. 39, 85; 5. 54, 142.
52 J. de Palacios Carvajal, *La Sábana Santa Estudio de un cirujano*, Madrid 2009, pp. 93-94.
53 Ciceron, *In Verrem* V, 45, 142.

IV. LA SÁBANA SANTA

La historia y la arqueología nos ayudan a entender, un poco más, lo que tuvo que ser aquella *"flagelación"* de Cristo, así se nos abre un poco más el panorama y comenzamos a ver lo que significa aquello que escribió el Evangelista San Juan: *"tomó a Jesús y lo azotó"*.

Mientras tanto, la Sábana Santa, en total consonancia con la historia, con la arqueología y sobre todo con los Evangelios, nos ofrecerá muchos y más precisos detalles sobre la flagelación sufrida por Cristo. Nos dará un cuadro mucho más completo, exacto y horrendo de lo que fue este castigo o dura lección, según el plan original de Pilato.

¿Qué cosas nos dice la Sábana Santa sobre la flagelación de Cristo?

El examen atento y meditado de los golpes de flagelo, que se ven en la Sábana Santa, revela sorprendentes novedades y datos muy claros sobre la flagelación a la cual fue sometido Cristo, a saber:

Nos ofrece indicios muy seguros para reconstruir el tipo de flagelo usado en aquella época y de los cuales se sirvieron los soldados del pretorio para flagelar a Cristo.

Nos da la posibilidad de deducir que el castigo fue ejecutado según la costumbre romana: *"more Romanorum"* y no según el modo judío de flagelar: *"more Judaeorum"*.

-Nos revela al mismo tiempo el número aproximado de golpes.

-Nos ofrece datos sobre los flageladores y el número de ellos.

-También nos revela en un modo impresionante la frialdad del método usado en la técnica de los golpes.

-Nos revela, además, la postura de Cristo durante el suplicio, que fue desnudado y que fue atado a una columna baja[54].

-Nos ayuda a deducir la duración de la flagelación[55].

1. Flageladores

La ejecución de la flagelación estaba confiada a los *"lictores"*, pero en las Provincias Procuratorias donde faltaban los *"lictores"* era ejecutada por los simples soldados o *"milites"*, por lo tanto la flagelación de Cristo fue hecha por los soldados de Pilato[56], es decir, por soldados que pertenecían al ejército romano pero que no eran romanos, porque los soldados romanos, aunque eran tantos, no eran suficientes para cubrir todas las necesidades del ejército, en todo lo que en ese momento, era el enorme Imperio. Los soldados propiamente romanos eran los *"oficiales"*, es decir, los que ocupaban los cargos más altos. El resto del ejército se completaba con tropas auxiliares, en la región de Palestina, posiblemente con tropas sirianas y samaritanas, de fidelidad clásica a Roma y de odio feroz a los judíos; a estos soldados locales y de rango más bajo, se delegaban los trabajos más sucios y denigrantes. Normalmente, para llevar adelante las torturas, eran elegidos los soldados de entre los más fuertes, belicosos, crueles y sádicos de la tropa.

Según los datos que nos ofrece la Sábana Santa, los verdugos flagelantes, fueron principalmente dos: uno a cada lado de la víctima, situados como a un metro de distancia y algo detrás de ella **(Figura 10)**.

---

54   Para quien esté interesado en profundizar sobre *"la columna de la flagelación"*, puede investigar en: F. Zoara, *Le Reliquie della Passione*, Trento 1933, pp. 75-81; M. Hesemann, *Testimoni del Golgota...*, pp. 185-210.

55   Cfr. G. Ricci, *L'Uomo della Sindone é Gesú*, Santa Maria degli Angeli (Assisi) 1985, pp. 139-140.

56   San Mateo 27, 26-27; San Marcos 15, 15; San Juan 19, 1-2.

Fig. 10: Reconstrucción pictórica de los verdugos flagelantes.

La Sábana Santa, nos ayuda incluso a establecer, qué parte golpeó cada verdugo. En este punto seguimos el atento estudio de Monseñor Ricci[57]:

a) En cuanto a la región dorsal:

El flagelante colocado a la izquierda de Cristo, golpeó preferentemente la cintura y gran parte de la espalda. Para una mejor comprensión se tiene que observar la **figura nº 11**, que contiene las marcas de la flagelación. Las marcas causadas por el flagelador que se encontraba a la izquierda de Cristo se pueden observar en color **rojo**[58].

---

57 Cfr. G. Ricci, *L'Uomo della Sindone é Gesú...*, pp. 144-149; Cfr. G. Ricci, *L'Uomo della Sindone*, Santa María degli Angeli (Assisi) 1966, pp. 106-111.

58 En cuanto a las imágenes o figuras que estamos agregando en este punto tan importante, es necesario aclarar que se tratan de imagen especulares (de espejo), es decir que la relación que guarda el Cuerpo de Cristo con la imagen que aparece en la Sábana Santa, guarda

El flagelante situado a la derecha golpeó casi él solo, toda la parte de las extremidades inferiores y una parte de la espalda izquierda. Las marcas causadas por el flagelador que se encontraba a la derecha de Cristo se observan en color **negro (figura 11)**.

b) En cuanto a la región frontal

El flagelante colocado a la izquierda de Cristo, golpeó preferentemente las extremidades inferiores. Las marcas dejadas por este flagelador se observan en color **rojo** en la **figura 12**.

El flagelante situado a la derecha golpeó preferentemente la parte superior: abdomen y tronco. Las huellas dejadas por la acción de este verdugo se ven en color **negro** en la **figura 12**.

Por la dirección de los golpes se deduce, que uno golpeó con la mano izquierda y el otro con la mano derecha. Asimismo se puede pensar que el de la derecha era de estatura más alta, pues las señales de sus latigazos tienen una inclinación que así lo hace suponer.

Un estudio realizado con un analizador de imágenes daba el siguiente resultado: cuando se enfocaba las huellas de los azotes desde un lado y a un ángulo de 45º, unas aparecían más destacadas que las otras; al enfocarlas desde el lado opuesto, ese relieve se invertía: las huellas más destacadas ahora eran las que antes lo parecían menos. Señal evidente de que los azotes le fueron infligidos al condenado desde dos lados distintos y opuestos entre sí[59].

Por lo tanto, los golpes revelan dos direcciones precisas, sea a la izquierda como a la derecha y se ubican en forma de abanico; todos los golpes convergen a la perfección en un punto, es decir en los brazos que azotaban. En la parte superior del dorso, las marcas están inclinadas hacia abajo, son horizontales a la altura de los riñones y están inclinadas hacia arriba en las extremidades inferiores **(Figura 13)**[60].

---

la misma relación que la que tiene un objeto con su imagen en un espejo, por lo tanto, lo que nosotros vemos en la Sábana Santa a la izquierda, en el Cuerpo de Cristo se encuentra a la derecha y viceversa.

59 Cfr. M. SOLÉ, *La Sábana Santa de Turín*, Bilbao 1986, p. 200.
60 Cfr. M. SOLÉ, *La Sábana Santa...*, pp. 199-200.

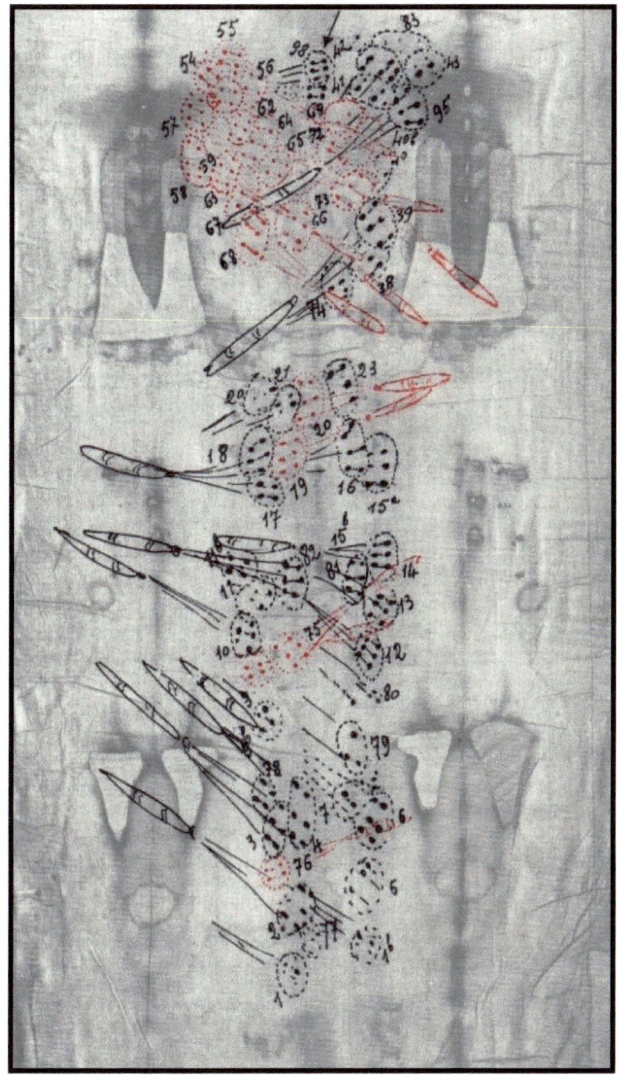

Figura 11: Imagen dorsal de la Síndone con los signos de la flagelación resaltados.

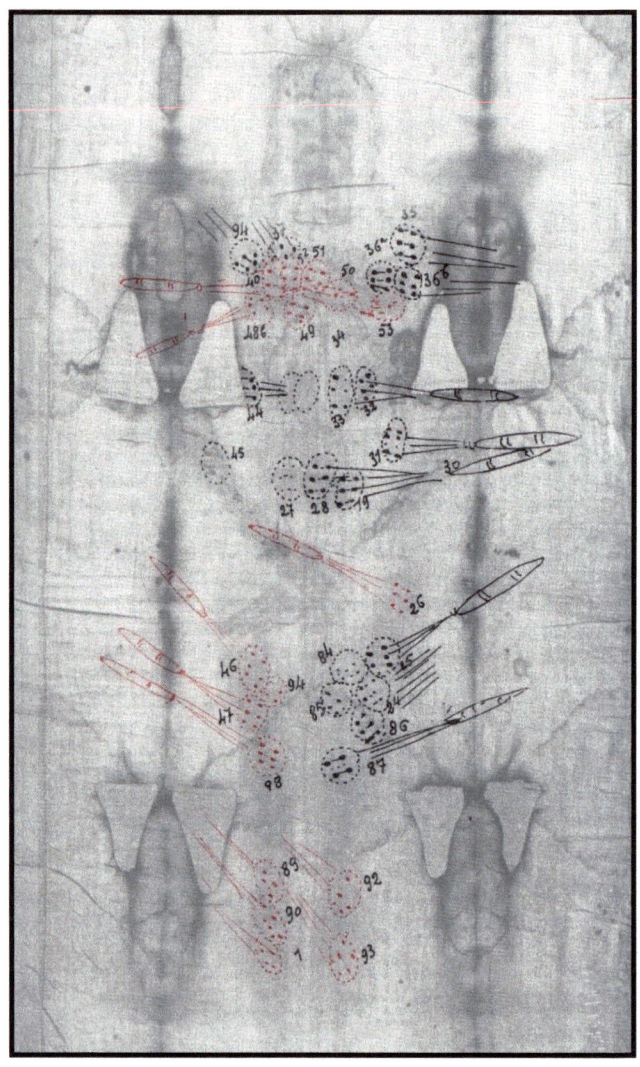

Figura 12: Imagen frontal de la Síndone con los signos de la flagelación resaltados.

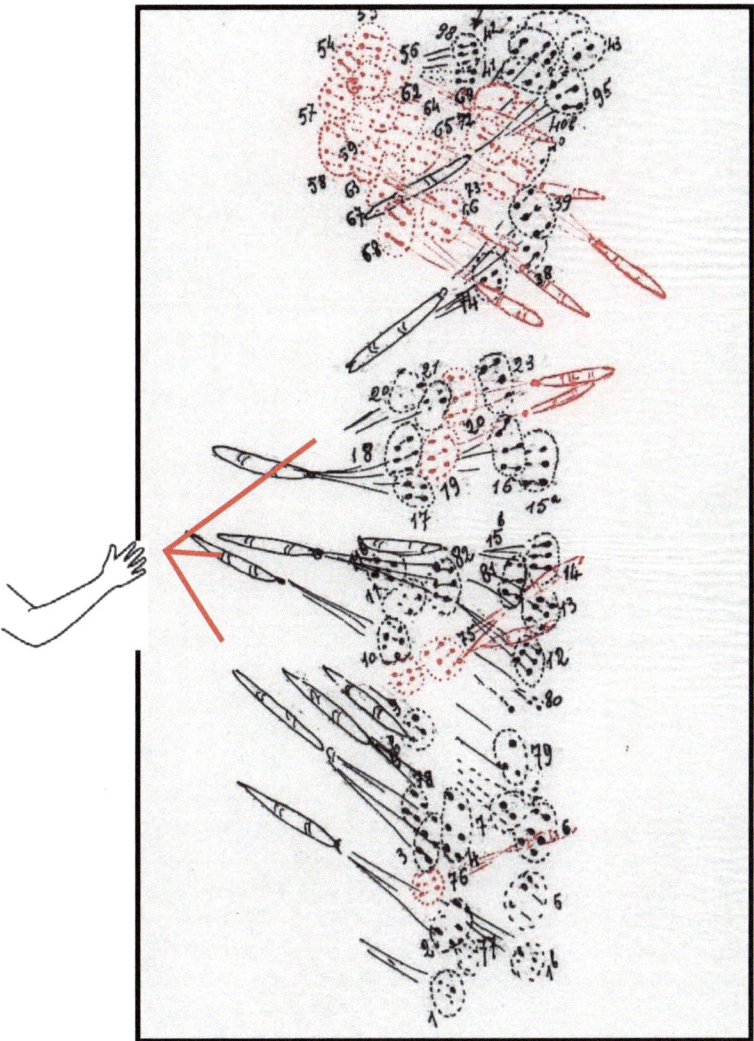

Figura 13: Geometría de los golpes de flagelo en la zona dorsal, que coinciden en un punto.

El trabajo de los verdugos fue concienzudo y sistemático. Los golpes no fueron simultáneos sino uno detrás de otro, sin permitir al Hombre de la Sábana Santa, en ningún momento la posibilidad de recuperarse.

Los verdugos flageladores, debían ser excelentes profesionales del látigo. No nos olvidemos que la flagelación la ejecutaban hombres que provenían del *"Gymnasium Flagri"*[61], es decir de la *"palestra del látigo"*[62], por lo cual estaban dotados de una gran resistencia y estaban en condiciones de golpear o evitar con precisión – según lo que intentasen dañar – cada parte del cuerpo del condenado. La existencia de estos gimnasios indica que ser flagelador era prácticamente, dentro del ejército, un oficio o una profesión, lo que nos deja en claro que las torturas eran ejecutadas con gran profesionalidad.

2. Marcas: tipo de flagelo

Parece que el azote empleado con el Hombre de la Síndone, fue el más lacerante[63] de los usados por los romanos: *el flagellum taxillatum*[64]. La longitud del azote solía ser de 35 a 45 cm. **(Figura 14)**.

Según Monseñor Ricci, se trató de un flagellum taxillatum de tres ramales, terminados cada uno de ellos en dos trocitos de huesos o bolitas de metal, los que propiamente se llamaban *taxilli*[65] **(Figura 15a y 15b)**.

---

61 Cfr. A. Cassanelli, *La Sindone sulle orme di Mons. Giulio Ricci*, Roma 1998, p. 100. Una de estas escuelas o *"palestra del látigo"*, por ejemplo, se encontraba sobre el monte Esquilino (Roma), cerca de la actual Basílica Santa María la Mayor.

62 Plauto, *As, 297*.

63 Gracias a este instrumento, la flagelación se podía transformar en un castigo extremadamente cruel, porque laceraba la piel de las víctimas *"hasta descarnar los huesos"*. Cfr. M. Hesemann, *Testimoni del Golgota...*, p. 189.

64 **Taxillus** era un dado pequeño para jugar. Flagellum taxillatum era, pues, aquel flagelo en cuyas correas y especialmente en sus extremos se hallaban ensartados pequeños dados u objetos que podían ser de madera, hueso o metal.

65 Cfr. G. Ricci, *L'Uomo della Síndone é Gesú...*, p. 150.

Figura 14: Ejemplo de "flagellum taxillatum".

Figura 15a: Ejemplo de flagellum taxillatum con terminaciones en huesos.

Figura 15b: Ejemplo de flagellum taxillatum con terminaciones en bolitas de plomo.

Es muy importante aclarar que cada terminación sean huesos o bolitas de plomo, no eran perfectamente redondeadas, sino que tenían puntas[66]. Es por eso que, como nos dicen Jackson y Jumper[67]: "*El flagelo*

---

66   Cfr. G. Ricci, *L'Uomo della Sindone é Gesú...*, p. 160; Cfr. M. Solé, *La Sábana Santa...*, p. 201; Cfr. A. Tornielli, *La Sindone Inchiesta sul Mistero*, Cittá di Castello 2010, p. 34. El Dr. Palacios Carvajal sostiene lo siguiente: "*En algunas ocasiones, posiblemente el caso de Jesucristo, en vez de halteras se colocaron huesecillos de animales, con aristas o puntas en el extremo del cuero, ya que eran más desgarradores*". J. de Palacios Carvajal, *La Sábana Santa Estudio...*, p. 92.

67   Profesores de la NASA, físicos de la U.S Air Forse Academy.

usado con el Hombre de la Síndone era no sólo contundente, sino también lacerante"[68]. Es decir, que abría la piel del reo, la desgarraba y provocaba la salida de sangre a cada golpe **(Figura 16)**.

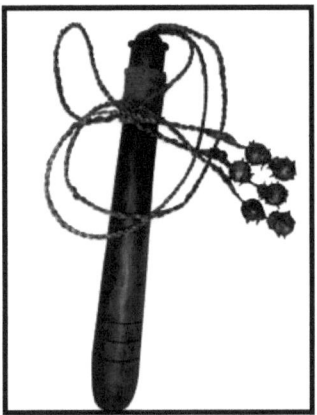

Figura 16: Terminaciones en puntas lacerantes del flagellum taxillatum.

Los dos "*taxilli*"[69] estaban unidos entre sí por un alambre o por la misma cuerda, tomando la forma de pequeñas pesas de gimnasia de unos 3 cm. de longitud y con un peso conjunto de unos 30 a 40 gramos aproximadamente. En los flagelos utilizados con el Hombre de la Sábana Santa, estas terminaciones estaban sujetas al extremo del nervio o cuerda como prolongación de la misma[70] **(Figura 17a)**, esto es importante aclararlo porque no todos los flagelos tenían la misma terminación **(Figura 17b)**. Las correas eran de cuero y normalmente se trataban con cera para hacerlas más efectivas y más flexibles en su recorrido[71].

---

68   M. Solé, *La Sábana Santa*…, p. 197.

69   El encontrarse los "taxilli" como prolongación de las correas y no que se encontraran perpendiculares a esas correas, es lo que ayudó a establecer la cantidad de flageladores y su ubicación, gracias a la dirección que tenían estas prolongaciones.

70   Cfr. M. Solé, *La Sábana Santa*…, p. 199.

71   Cfr. J. de Palacios Carvajal, *La Sábana Santa Estudio*…, p. 92.

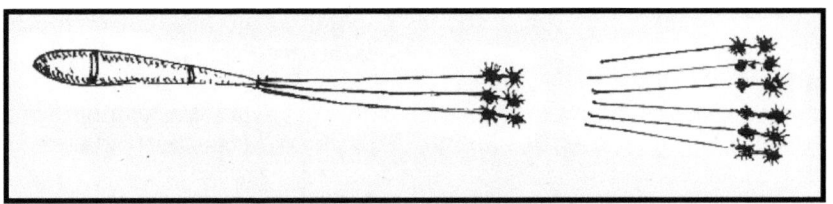

Figura 17a: Ejemplo del flagellum taxillatum usado con el Hombre de la Síndone.

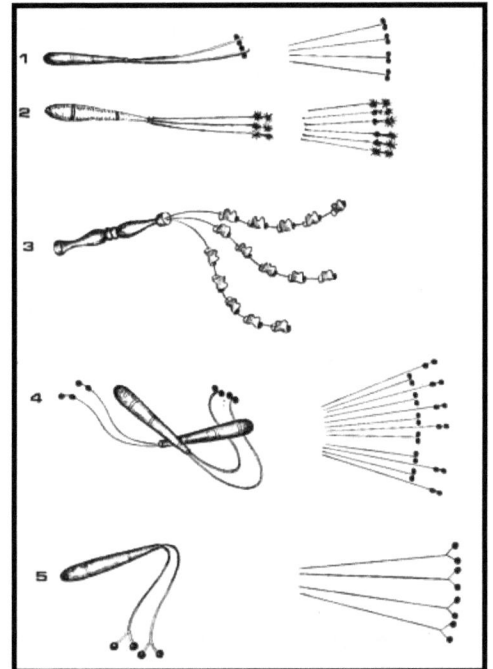

Figura 17b: Ejemplos de varios tipos de flagellum taxillatum con sus respectivas marcas.

Dada la cercanía de las marcas y de la dirección que han tomado las extremidades de los flagelos, esas temibles prolongaciones (las dos bolitas de plomo o huesos), son las que han hecho posible establecer una combinación ternaria de los golpes, es decir que Cristo fue flagelado con flagelos con tres cuerdas o correas. En la Sábana Santa, se encuentran numerosos golpes de flagelo que han dejado esa combinación ternaria, con 6 marcas, dos bolitas de plomo o huesos por cada soga o cuerda.

Resumiendo: la impresión de los golpes de flagelo en forma de abanico, en la disposición y en la forma revelada por la Sábana Santa, sugiere el uso del *"flagrum"* de tres cuerdas teniendo en el final y como prolongación de las mismas esas dos bolitas de plomo o huesos, punteadas y como si fueran pequeñas pesas de gimnasia.

Este flagelo era conocido como el *"horrible flagellum taxillatum"*, debido al dolor punzante y abrasador que provocaba cada latigazo, por esto, los soldados y el populacho romano lo llamaban *"escorpión"*[72].

Los efectos que producía la *"flagelación"* en las víctimas han sido descritos por varios autores de la antigüedad. En sus escritos caracterizan los efectos de estos instrumentos con verbos que expresan un gran dramatismo; así, por ejemplo[73]:

Para el *"flagellum de simples sogas o varillas"*:

-*"Cédere"* = herir.
-*"Secare"* = cortar.
-*"Scindere"* = desgarrar.

Para el *"flagrum taxillatum con las prolongaciones de huesos o plomos punteados"* **(Figura 18)**:

-*"Rúmpere"* = romper.
-*"Pínsere"* = machacar.
-*"Forare"* = agujerear, barrenar.
-*"Fodere"* = cavar, excavar.

---

72 Cfr. J. de Palacios Carvajal, *La Sábana Santa Estudio…*, p. 92.
73 Cfr. M. de Tuya, *Del Cenáculo al…*, pp. 449-450.

Figura 18: Efectos del flagrum taxillatum.

En cuanto a los efectos del *"flagrum taxillatum"* podemos recordar algunos testimonios.

Por ejemplo, en las *"Actas de los mártires de Esmirna"*, que nos han llegado por medio de la Historia Eclesiástica de Eusebio de Cesarea, se dice que a estos mártires *"se les veía desgarrados por los azotes hasta el punto de vérseles las venas y las arterias más interiores y que aparecían las entrañas y las partes más íntimas del cuerpo"*[74].

Filón cuenta que una parte de *"los judíos alejandrinos"* mandados a azotar por orden del Prefecto Flacum, murieron allí mismo, y otros sólo tras larga enfermedad lograron recuperarse[75].

Flavio Josefo escribe que él mismo hizo flagelar a un enemigo suyo en la ciudad de Tariquea, en Galilea, hasta que *"se vieron los huesos"*[76]. Y él mismo cita el caso de *"Bar Hanan"*, al que mandó flagelar el Procurador Albino, hasta llegar a la *"denudación de los huesos"*[77].

---

74 Eusebio, *Hist. Eccl.* VI, 15, 4.
75 Filon, *In flaccum.* 10, 75.
76 Josefo, *Bell. Jud.* II, 21, 5.
77 Josefo, *Bell. Jud.* VI, 5, 3.

También está documentado que el atormentado quedaba, frecuentemente, tendido en tierra, sin sentido, y bañado en sangre[78]. Otras veces tendidos en tierra y retorciéndose por el dolor[79]. Y con frecuencia expirando en el mismo suplicio[80], o teniendo que quedarse en el lecho por muchísimo tiempo[81]. Otros quedaban lisiados para toda la vida **(Figura 19)**.

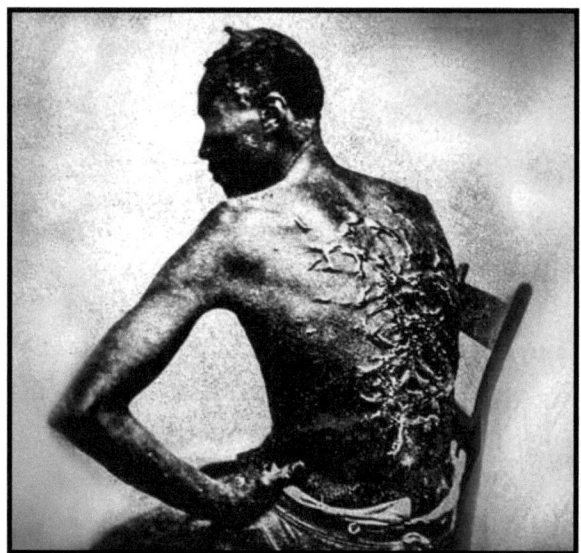

Figura 19: Efectos de la flagelación en un esclavo.

Al recordar los efectos de la flagelación por *"el terrible flagrum"*, no podemos olvidar que en la flagelación de Jesucristo los golpes cayeron sobre una piel ya maltratada anteriormente con equimosis y con mu-

---

78   Ciceron, *In Verrem.* V, 54.
79   Plutarco, *Coriol.* 24.
80   Ciceron, *In Verrem.* III, 29; IV, 39; V, 54; Filon, *In flaccum.* 10, 75; Horacio, *Sat.* I, 3, 9; I, 2, 41; Suetonio, *Nero* 49; *"los más mueren, mientras son atormentados"*, (*Plerique, dum torquentur deficere solent*), cf. Dig. XVIII, 19, 8, 3. Ulpiano, Dig. 48, 19, 8, 3.
81   Filon, *In flaccum.*

chas contusiones[82], y sobre todo sobre una piel que, en el Huerto de Getsemaní, había sufrido el sudor de sangre, es decir, la *"hematidrosis"*.

Puesto que para entender los daños de la flagelación es importante tener en cuenta que fue precedido por pocas horas de este fenómeno de la *"hematidrosis"* o sudor de sangre, recordemos que, como dice el Dr. Palacios Carvajal: *"Es un fenómeno excepcional que se da en raras ocasiones en personas sometidas a una gran tensión, y está documentado en soldados antes de un ataque y en condenados a muerte antes de su ejecución"*[83].

El Dr. H. Le Bec[84] comenta sobre la *"hematidrosis"*: *"Ocurre en condiciones excepcionales... Un agotamiento físico acompañado de un trastorno moral, consecuencia de una emoción profunda y de un miedo atroz"*[85].

A su vez, el Dr. Barbet[86], explica el raro fenómeno y señala sus efectos: *"¿Cómo explicar este fenómeno? Una dilatación de los vasos capilares subcutáneos puede provocar una ruptura de los mismos en su punto de contacto con la base de millones de glándulas sudoríparas. La sangre se mezcla con el sudor y se coagula sobre la piel después de la exudación. Esta mezcla de sudor y de coágulos es la que se va juntando hasta correr por encima de la piel de todo el cuerpo en cantidad suficiente para caer al suelo. Hay que hacer notar que esta hemorragia microscópica tiene lugar en toda la piel, la cual queda por lo mismo toda ella lesionada, dolorida y muy sensible a los golpes"*[87].

---

82   Cfr. M. Solé, *La Sábana Santa...*, p. 200.

83   J. de Palacios Carvajal, *La Sábana Santa Estudio...*, p. 90. En la nota nº 41 agrega: "*Existe una amplia literatura médica publicada sobre el tema, especialmente sobre los casos diagnosticados en la época de los bombardeos nazis de Londres durante la II Guerra Mundial*". J. de Palacios Carvajal, *La Sábana Santa Estudio...*, p. 338.

84   H. Le Bec, patólogo forense y cirujano del hospital Saint Joseph de París.

85   M. Solé, *La Sábana Santa...*, p. 308.

86   Pierre Barbet (†1961), patólogo forense y cirujano del hospital Saint Joseph de París, fue uno de aquellos hombres de ciencia atraídos por las primeras imágenes fotográficas de la Síndone tomadas en 1898. Realizó numerosos experimentos y pruebas para demostrar la veracidad de las heridas de la Pasión, tal cual aparecen en la Sábana Santa. Es autor de numeroso libros, el más conocido es *"La Passion de Jésus-Christ selon le chirurgien"*.

87   M. Solé, *La Sábana Santa...*, p. 308.

¿Nos dice algo sobre este sudor de Sangre la Santa Sábana? *"El ingeniero Prof. Tamburelli, con su computadora, ha detectado que la cara del Hombre de la Síndone, aparte de los innumerables regueros y grumos de sangre que la surcan, está toda ella como embadurnada de sangre. Así debía quedar el rostro de Jesús después del copioso sudor de sangre experimentado en la oración del huerto de Getsemaní… La Síndone, pues, confirma ese extraño y abundante sudor de sangre que padeció Jesús en Getsemaní"*[88].

3. Desnudo

Tenemos que dejar en claro que Cristo, durante toda la flagelación, estuvo completamente desnudo, la Sábana Santa nos muestra que: *"las heridas recibidas en glúteos y caderas tienen la misma profundidad que en el resto del cuerpo"*[89]. Si Jesús hubiera estado cubierto o vestido en esa zona, las marcas de la flagelación que se encuentran en la región glútea y en la cintura, tendrían que ser más superficiales que en el resto del cuerpo **(Figura 20)**.

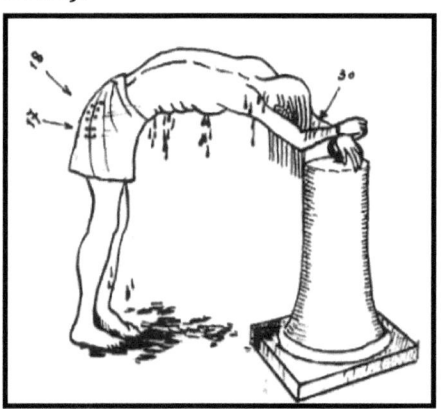

Figura 20: Representación pictórica de la flagelación.

---

88 M. Solé, *La Sábana Santa…*, pp. 308-309.
89 M. Solé, *La Sábana Santa…*, p. 197.

La historiadora Bárbara Frale[90] afirma que: "*sobre casi toda la superficie del cuerpo se ven bajo la luz ultravioleta una gran cantidad de heridas lacerantes y contusas, infligidas al sujeto cuando estaba desnudo*"[91].

Evidentemente que con la desnudez total, se quiso agravar la aflicción de la pena pública a la cual fue sometido el condenado, poniéndolo en una situación más humillante[92].

La flagelación era un tormento de una crueldad inusitada, al cual se agregaba, el dolor moral, la humillación, la vergüenza de tener que ser flagelado en público totalmente desnudo. Contemplando este pasaje de la Pasión de Cristo, San Alfonso María de Ligorio exclamaba: "¡Oh adorable Salvador mío!, *para expiar nuestros pecados y, sobre todo, los pecados de impureza, que son los más frecuentes entre los hombres, habéis querido ver despedazada vuestra carne purísima*"[93].

4. FLAGELADO CON MÉTODO Y PRECISIÓN

Nuestro Señor fue azotado con método y precisión, por gente que dominaba perfectamente la técnica de su oficio.

La Sábana Santa manifiesta que Cristo, fue flagelado en todo el cuerpo, Yves Delage[94] estudiando y examinando al microscopio la doble figura retratada, fue descubriendo aquellas marcas redondeadas de más o menos un centímetro cada una y que cubrían todo el cuerpo del Hombre de la Sábana Santa. Delage veía como si toda la piel padeciera

---

90 Bárbara Frale, historiadora, Oficial del Archivo Secreto Vaticano.
91 B. FRALE, *La Sindone di Gesú Nazareno*, Bologna 2009, p. 85. Cfr. B. BARBERIS – M. BOCCALETTI, *Il Caso Sindone non é chiuso*, Seggiano di Pioltello 2015, p. 102.
92 Cfr. D. DE MATTEIS – A. P. BRAMANTI, *Sacra Sindone Un mistero tra scienza e fede*, San Giorgio Jonico 2010, p. 36.
93 SAN ALFONSO MARÍA DE LIGORIO, *Meditaciones sobre la Pasión de Jesucristo*, Madrid 2013, p. 82.
94 Yves Delage (†1920), conocido agnóstico, fue un biólogo de fama mundial y profesor de la Sorbona.

una especie de horrorosa viruela. Descubría que de aquellas marcas o heridas había brotado sangre y suero, pues quedaban impresas sobre el tejido, y, aunque Delage todavía no había determinado con exactitud el tipo de látigo o azote que las había ocasionado, su diagnóstico era contundente: las extrañas heridas estaban producidas por la más atroz flagelación de la que se conservaba un testimonio gráfico y que esa flagelación había sido infligida en todo el cuerpo[95].

A la misma conclusión llega Barbara Frale, luego de una interesante descripción de la imagen del Hombre de la Síndone: *"Presenta el cuerpo de un hombre adulto pero joven, contraído en la típica rigidez cadavérica de los difuntos en las primeras horas después del deceso... No es exagerado decir que este Hombre envuelto en la tela fue literalmente masacrado... cientos de heridas 'lacerantes y contusas' son visibles en casi todo el cuerpo..."*[96].

De hecho, sobre la Sábana Santa se puede observar "cómo" las marcas de los azotes cubren, a modo de una constelación, toda la superficie del cuerpo. En concreto fue flagelado en el pecho, en el abdomen, en los genitales, en los muslos, en las pantorrillas, en los hombros, en la espalda, en la región glútea, en los antebrazos, y en los tobillos... sin dejar apenas espacio entre golpe y golpe, pero sin caer casi nunca dos veces en el mismo lugar **(Figura 21)**.

Un solo sitio ha sido perdonado: la parte del pecho delante del corazón. *"De hecho –* nos dicen Jackson y Jumper *– ningún golpe le fue infligido sobre la zona del corazón"*. Evidentemente se quería evitar la muerte del condenado. Dicen los médicos que golpeando fuertemente esta parte se origina fácilmente una *"pericarditis serosa traumática"*, que puede ser mortal[97].

---

95 Cfr. F. Anson, *La Sábana Santa,* Madrid 1999, p. 44.
96 B. Frale, *La Sindone e il ritratto di Cristo*, Terni 2010, pp. 38-40.
97 Cfr. M. Solé, *La Sábana Santa*, p. 197.

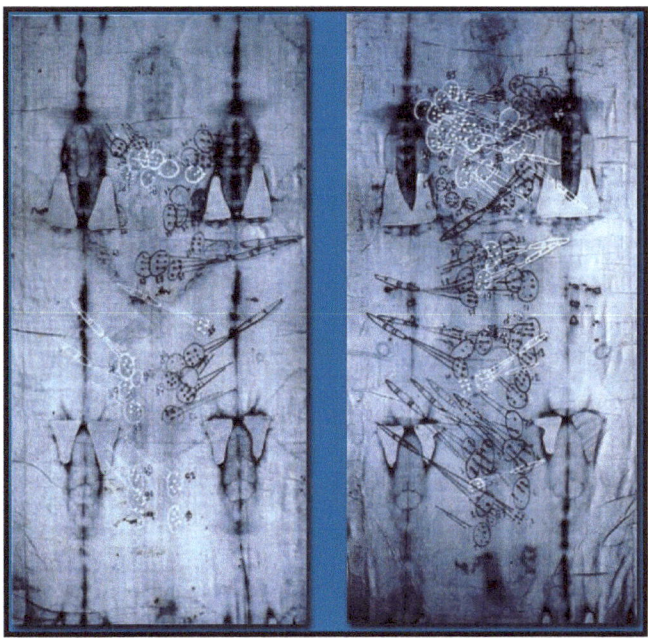

Figura 21: Imagen frontal y dorsal de la Síndone, con el examen geométrico de las marcas de los flagelos que están distribuidos por todo el cuerpo.

¿También fue flagelado en el Rostro?

Algo que causa verdaderamente horror es que, querido o no querido, buscado o no por los verdugos flageladores, también golpearon con el *"flagellum taxillatum"* en el rostro de Cristo.

Esto último lo sostienen los profesores Ballosino[98] y Tamburelli[99], quienes han llegado a obtener imágenes tridimensionales casi perfec-

---

98   Nello Ballosino, profesor de Elaboración de Imágenes en la Universidad de los Estudios de Turín.
99   Giovanni Tamburelli, profesor de la Universidad de Turín y director de investigaciones del CSELT (Centro Studi e Laboratori Telecomunicazioni).

tas[100]. Estas imágenes tridimensionales **(Figuras 22a, 22b y 22c)** han permitido descubrir datos importantes e innovadores, porque gracias a estas imágenes se evidencian nuevos particulares que no son visibles con la simple observación de la Sábana Santa a ojo desnudo.

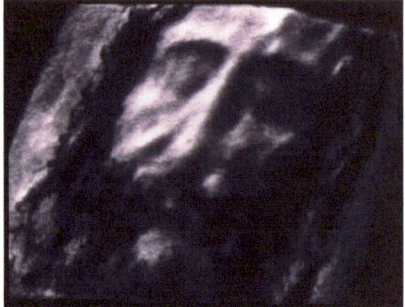

Figuras 22a, 22b y 22c: Imágenes Tridimensionales.

De estos muchos descubrimientos a nosotros nos interesa resaltar uno en particular y es el siguiente: *"dos huecos a los lados de la nariz pueden corresponder, bajo el aspecto de las dimensiones, a las termina-*

---

100 Desde hace un tiempo se está trabajando en la obtención de imágenes holográficas, como la que se puede ver en la **(Figura 23)**

ciones de los flagelos y que por lo tanto podrían revelar que el Hombre de la Sábana Santa (Jesucristo) fue probablemente también golpeado con los flagelos sobre el rostro"[101].

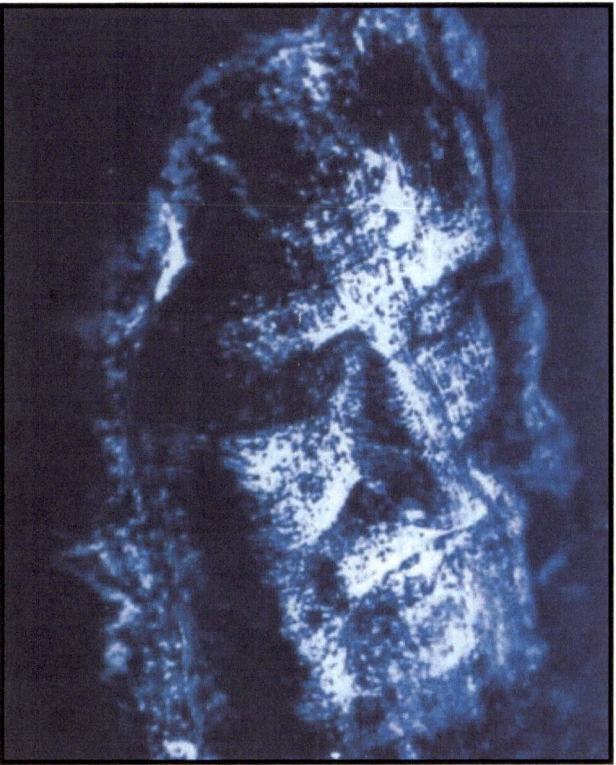

Figura 23: Imagen Holográfica.

En otra publicación posterior, Nello Ballosino describiendo los signos de violencia que se encuentran sobre el Rostro en la imagen tridimensional obtenida de la Sábana Santa, menciona con total seguridad:

---

101 Nello Ballosino-Giovanni Tamburelli, *Icone e Sindone, Analisi comparativa con metodologie informatiche*, in "*Le icone di Cristo e la Sindone*" di Lamberto Coppini-Francesco Cavazzuti, Torino 2000, pp. 153-154.

"dos huellas dispuestas lateralmente a la nariz que corresponden, bajo el aspecto dimensional, a las terminaciones de un flagelo romano"[102] **(Figura 24).**

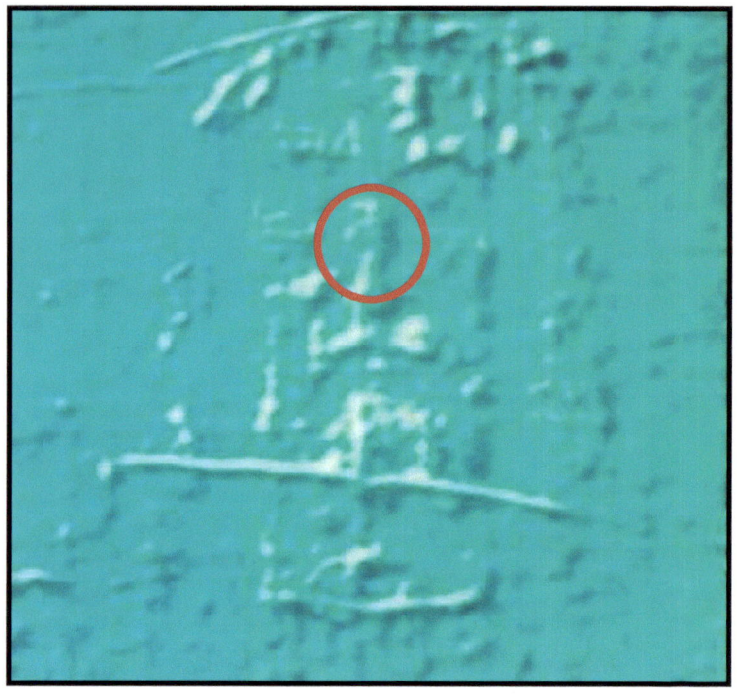

Figura 24: Imagen tridimensional con signos del flagrum sobre el rostro.

El Doctor Baima Bollone[103] también lo da como un hecho, y afirma sin dudar que ha encontrado en el Rostro de Cristo signos de la flagelación: *"Sobre la parte anterior del tórax, así como sobre gran parte de la superficie corpórea (dorso, glúteos y muslos) son bien reconocibles nu-*

---

102 N. BALLOSINO, *Sindone Immagini per la conoscenza*, Torino 2010, p. 44
103 Pierluigi Baima Bollone, médico quirurgo, director del Instituto de medicina legal de la Universidad de Turín. Director del Centro Internacional de Sindonología.

merosas pequeñas imágenes redondeadas dispuestas de dos en dos. Han sido provocadas por instrumentos hirientes constituidos por dos bolitas unidas por una barrita, unidas en la extremidad de una cuerda o soga… distribuidas sobre toda la superficie corpórea: en el tórax, en el abdomen, en los glúteos y en las piernas. Incluso la pirámide nasal ha sido herida por uno de estos instrumentos…"[104].

Antes de pasar al siguiente tema, nos parece importante hacer notar que en este punto existe una total consonancia entre la Sábana Santa de Turín y Santo Tomás de Aquino, el teólogo más grande de la Iglesia Católica.

La Sábana Santa no deja lugar a dudas que Cristo fue flagelado con método y precisión y que fue flagelado en todo su cuerpo.

Lo mismo afirma Santo Tomás: "*Cristo fue flagelado en todo su cuerpo*". No sabemos de dónde obtuvo este dato tan preciso, pero lo cierto es que en la tercera parte de la Suma Teológica, cuando se pregunta si Cristo en su Pasión haya sufrido todos los tormentos, en su magistral respuesta dice: "*Cristo padeció en la cabeza, por la corona de punzantes espinas; en las manos y pies, por los clavos que le atravesaron; en el rostro, por las bofetadas y salivazos; y en todo el cuerpo, por los azotes* (Et in toto corpore flagella)"[105].

5. Las partes que fueron más golpeadas

Cristo, como acabamos de ver, fue flagelado en todo el cuerpo, pero

---

104 P. Baima Bollone, *Sindone e Scienza*, Torino 2000, p. 99. En otro de sus libros sostiene lo mismo: "*la continuidad de **la nariz** está interrumpida en el punto de unión entre sus propios huesos y el cartílago por una herida **lacerante y contusa** con extremidades redondeadas. Se considera que es una herida provocada por un golpe de flagelo… Sobre toda la superficie cutánea están distribuidos 120 lesiones, imágenes redondeadas de a dos. Son bien reconocibles en la nariz, sobre la parte anterior del tórax, sobre el dorso, en los glúteos y sobre los muslos… Se refieren a lesiones determinadas por instrumentos lesivos constituidos por dos bolitas unidas por una barrita en la extremidad de una soga o correa*", cfr. P. Baima Bollone, *Sindone 101 domande e risposte*, Torino 2000, p. 178.
105 Santo Tomás de Aquino, Suma Teológica, III, q. 46, a. 5, c.

hay partes que merecen una atención especial, partes que fueron más golpeadas o que sufrieron un ensañamiento especial por parte de los flageladores, a saber:

a) Dorso

En primer lugar, el dorso o la espalda. Como muestran todas las imágenes de la Sábana Santa, la espalda de Cristo fue objeto directo de la flagelación, que aparece especialmente dañada. Las heridas del *"flagellum taxillatum"* la cubren totalmente; así lo afirma el Doctor Giovanni Giudica-Cordiglia: *"por toda la parte anterior del tronco, se encuentran numerosas escoriaciones… estas lesiones aparecen en forma de 'pesas de gimnasia'… acción traumática producida por el 'flagrum'"*[106].

Pensamos que este es el momento de recordar otro tormento, que está profundamente ligado a la dura flagelación que sufrió la espalda; ese otro tormento se trata del despojo de las vestiduras, que Jesús padecerá una vez llegado al Calvario. No nos olvidemos que después de la flagelación, a Cristo le pondrán sus vestidos, que volverán a arrancarle antes de la crucifixión después de haberse pegado a su cuerpo en las heridas de la flagelación como efecto de la coagulación sanguínea que se ha solidificado con las fibras del tejido, especialmente en la espalda tan maltratada **(Figuras 25a y 25b)**.

El Dr. Barbet explicaba el despojo de las vestiduras así: *"cada hilo de lana se ha pegado a la superficie desnuda, y cuando se lo arranca, arrastra consigo una de las innumerables terminaciones nerviosas puestas al descubierto con la llaga… Aquí no se trata de una lesión local, sino de casi la totalidad de la superficie del cuerpo, especialmente del dorso* (espalda) *tan maltratado por la cruel flagelación… Los verdugos tenían prisa… tal vez fuera mejor así… con todo ¿Cómo explicar este dolor tan agudo y atroz, sin síncope* (desmayo)*?"*[107].

---

106 G. Judica-Cordiglia, *L'Uomo della Sindone è…*, p. 67.
107 M. Solé, *La Sábana Santa…*, p. 321.

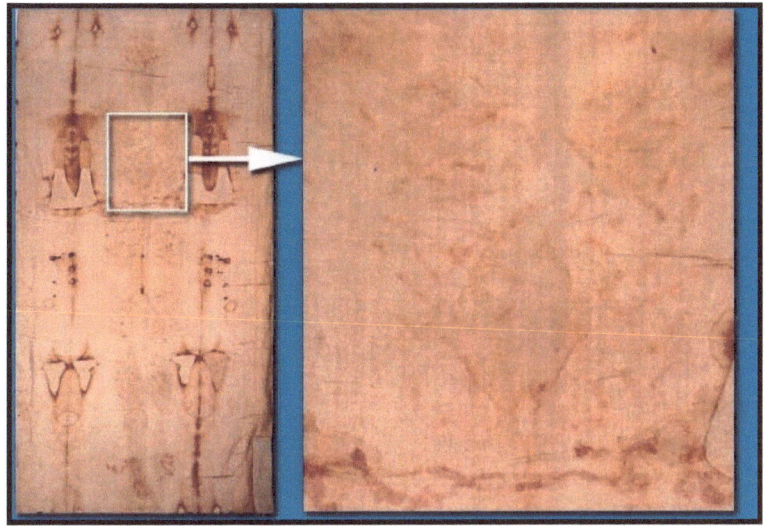

Figura 25a: Imagen dorsal de la Síndone con signos evidentes de "flagellum taxillatum" en el dorso.

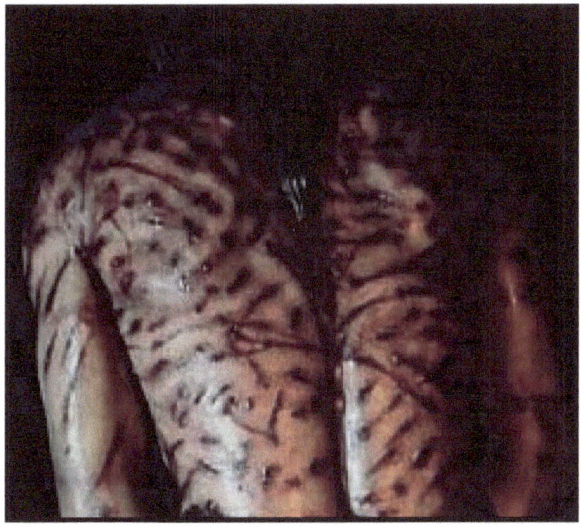

Figura 25b: Particular de una escultura con los signos de la flagelación en la región dorsal.

b) Región pélvica

Otro lugar especialmente torturado, donde se encuentra una gran cantidad de marcas de la flagelación, es la región pélvica, en pleno vientre, en la parte delantera superior interna de ambos muslos, junto a las ingles, esto delata que los sayones se cebaron con el reo golpeándolo repetidamente con el *"flagellum taxillatum"* en esta región de los genitales. Un sadismo escalofriante, ya que se trata de un miembro muy delicado y sensible al dolor[108] **(Figura 26a y 26b)**.

Fueron golpes como aquellos propinados en el pecho, es decir desde abajo hacia arriba y que debieron provocar un gran espasmo.

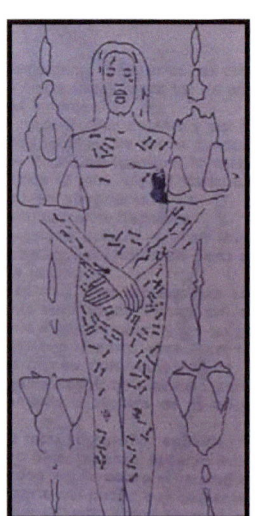

Figura 26a (izquierda): Esquema de las heridas dejadas por los azotes. Figura 26b (derecha): Particular de una escultura con los signos de la flagelación en la región pélvica.

---

108   Cfr. M. Solé, *La Sábana Santa...*, p. 197.

c) Pantorrillas

Digno de subrayar es el ensañamiento que se puede revelar en la zona de las pantorrillas, donde la intención de los flageladores se ha detenido repetidas veces y ha golpeado despiadadamente, razón por la cual el fenómeno de los regueros de sangre se manifiesta con evidencia[109] **(Figuras 27a y 27b)**.

 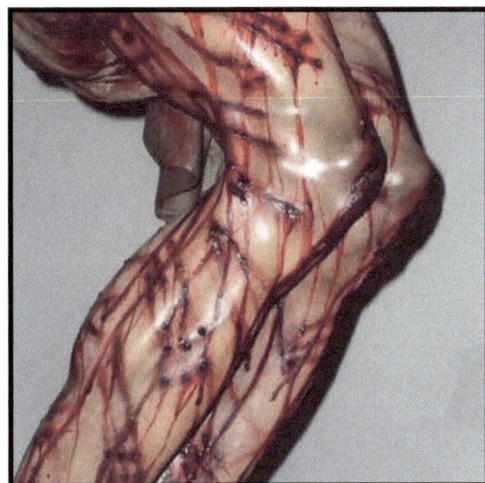

Figura 27a (izquierda): Imagen de las pantorrillas con las marcas del "flagellum taxillatum". Figura 27b (derecha): Particular de una escultura con los signos de la flagelación en las pantorrillas.

6. Número de golpes

En cuanto al número de golpes es difícil deducirlo con exactitud, ya que en la Sábana Santa quedó impreso el cuerpo de Cristo por delante y por detrás, pero no sus costados, que no aparecen marcados en la tela; además los antebrazos y manos cubren parte del vientre y de la pelvis, y el cabello cubre parte de la espalda central superior, ocultando probablemente otras marcas.

---

109   Cfr. G. Ricci, *La Sindone Santa*, Roma 1979, p. 100.

Mons. Giulio Ricci, después de un detenido estudio y de haber confrontado las opiniones de diferentes autores, se inclina por golpes ternarios, es decir, que cada flagelo estaba compuesto por tres correas, y que a su vez, cada correa terminaba con dos huesos o bolitas de plomo, por lo tanto, cada golpe de flagelo producía 6 heridas. *"Son demasiados, - dice Mons. Ricci -, los golpes ternarios"*[110] **(Figura 13, p. 39)**. El mismo Mons. Ricci llega a contar unos 121 golpes, de los cuales 70 presentan claramente la disposición ternaria (tres cuerdas); 12 golpes parecen binarios (dos cuerdas) por presentar muy tenue la señal de la tercera cuerda; 18 muestran sólo las huellas de dos cuerdas, y los restantes 21 sólo dejaron las huellas de una de las tres cuerdas[111].

Respecto al número de golpes, más o menos a la misma conclusión llega el Doctor Barbet: *"Es necesario agregar que han dejado su marca solamente los golpes que han producido una escoriación o una llaga contusa (...) he contado en total más de 100, tal vez 120"*[112].

El Dr. Baima Bollome por su parte, ha llegado a contar en total más de 600 contusiones y heridas en el Hombre de la Síndone[113].

Una conmovedora descripción de las heridas causadas por el flagelo e impresas sobre la Sábana Santa fue hecha por las Hermanas Clarisas de Chambery[114] en el año 1532, ya que gracias a su paciente trabajo de restauración, pudieron contemplar más detenidamente que otros la

---

110 G. Ricci, *La Síndone Santa...*, p. 29.

111 Cfr. G. Ricci, *L'Uomo della Sindone é Gesú...*, p. 153.

112 G. Moretto, Síndone *la guida*, Torino 1998, p. 30.

113 Cfr. M. Solé, *La Sábana Santa...*, p. 201.

114 La Sábana Santa se encontraba desde el 1502 en la Capilla Ducal de Chambery (Francia), por esto la capilla también era llamada la Saint-Chapelle. La preciosa reliquia se conservaba doblada en varios pliegues, en una urna de plata. Durante la noche del 3 al 4 de diciembre de 1532 se declaró un pavoroso incendio que derritió parte de la urna, de este modo, la plata derretida provocó esas 16 grandes quemaduras en forma de triángulo que podemos observar sobre la Sábana Santa. Luego del incendio fue trasladada hasta el convento de las Clarisas. Allí quedó a cargo de las monjas, quienes de rodillas repararon las 16 quemaduras con pedazos de corporales, también le cosieron detrás una tela resistente de Holanda para darle más consistencia, después de 15 días trasladaron nuevamente la Síndone hasta la Saint-Chapelle. Cfr. M. Solé, *La Sábana Santa...*, p. 47.

Varón de Dolores

Santa Tela: "*Los golpes de los plomos y los latigazos son frecuentísimos en el estómago y en el pecho, de tal modo que apenas si se puede encontrar una zona de la grandeza de la punta de una aguja ausente de golpes. Se cruzan y se extienden a lo largo de todo el cuerpo hasta la planta de los pies*"[115].

Si bien es cierto que el estilo de la descripción hecha por las Clarisas es bastante acentuado, sin embargo, evidencia muy bien, la impresión que surge al contemplar el despiadado ensañamiento con el cual fue agredido aquel Cuerpo. Hay que destacar que la imagen fue observada por las Clarisas cerca de 500 años antes que nosotros, por lo que no es precipitado sostener que la Sábana Santa debía ser en ese entonces más nítida y legible de cuanto lo es hoy, después de cinco siglos de envejecimiento. El lino que se va oscureciendo, de hecho, ha atenuado en el curso de los siglos el contraste entre la tela y la imagen que se ha impreso[116].

El ver el cuerpo cubierto de golpes causados por la flagelación, hacía exclamar a Monseñor Ricci[117]: "*Una conmoción profunda inunda el alma cuando, con la mente calma y con un espíritu de fría investigación, se procura un análisis atento de tantos golpes de flagelo, testimoniados por el Sagrado Lienzo de Turín*"[118].

Al mismo tiempo que la Sábana Santa nos va abriendo los horizontes, detallando la dolorosa y cruel flagelación de Nuestro Señor Jesucristo, también nos ayuda a comprender con más realismo algunos textos de las Sagradas Escrituras que se refieren al Mesías y que al describir la Pasión del Mesías, ya hacían referencia a una forma de flagelación muy cruel **(Figura 28)**, por ejemplo:

---

115 E. Marinelli, *La Sindone Testimone di una presenza*, Torino 2010, p. 104.
116 Cfr. D. De Matteis – A. P. Bramanti, *Sacra Sindone Un mistero...*, p. 36.
117 Mons. Giulio Ricci (†1995), fue miembro de la curia vaticana y Presidente del "Centro Romano de Sindonología", estudió más de 50 años la Sábana Santa. Llamado: "*el Apóstol de la Sábana Santa*".
118 G. Ricci, *L'Uomo della Sindone é Gesù...*, p. 139.

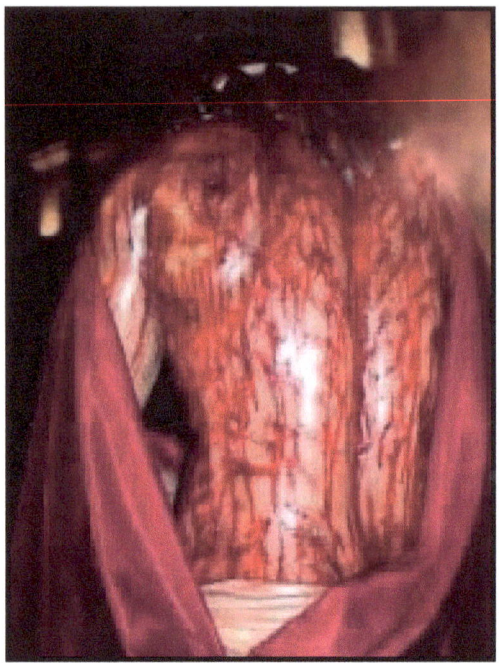

Figura 28: Escultura de Cristo Flagelado.

El Salmo 38: "*Tengo las espaldas ardiendo, no hay parte ilesa en mi carne; estoy agotado, desecho del todo; rujo con más fuerza que un león*" (Sal 38, 7-8).

Y el Salmo 128: "*Sobre mis espaldas metieron el arado y alargaron los surcos*" (Sal 128, 3).

Cuando Cristo Resucitado se apareció a sus discípulos en el Cenáculo, les explicaba y les recordaba cómo era necesario que el Mesías primero tenía que padecer para luego entrar en la gloria, y lo hacía recordando, entre otros textos, los Salmos mesiánicos, así lo narra San

Lucas[119]: *"Les dijo: Esto es lo que yo os decía estando aún con vosotros: que era preciso que se cumpliera todo lo que está escrito en la Ley de Moisés y en los Profetas y en los Salmos de mí".*

7. More Romanorum

La Sábana Santa nos ofrece una información muy precisa e importante: Jesús no fue flagelado según el método judío, que no podía superar los 39 golpes. Más arriba ya hemos tenido ocasión de exponer, cómo algunos estudiosos de la Sábana Santa han llegado a contar al menos alrededor de 120 golpes.

La Sábana Santa nos dice que, todo el cuerpo de Cristo, por delante y por detrás está lleno de unas pequeñas heridas iguales, de forma parecida a pequeñas pesas de gimnasia de unos 3 cm. de longitud, son los signos evidentes del temible *"flagellum taxillatum"*, también llamado *"escorpión"* por el daño que producía. **(Figura 29a y 29b)**.

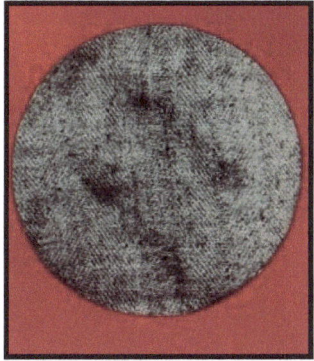

Figura 29a: Fotografía ampliada de las marcas dejadas en el cuerpo del Hombre de la Sábana Santa por el terrible "flagellum".

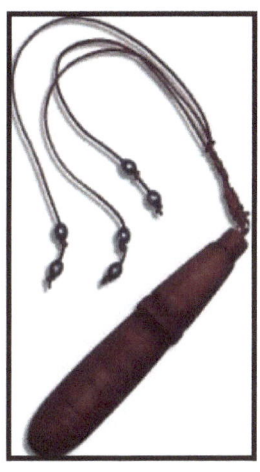

Figura 29b: "flagellum taxillatum".

---

119 San Lucas 24, 44.

Por lo tanto, sea por la cantidad de golpes, alrededor de 120, sea por el tipo de flagelo utilizado el *"flagellum taxillatum"* y no las cuerdas (como estaba mandado entre los judíos), no cabe la menor duda de que Nuestro Señor Jesucristo fue flagelado según el método romano, *"more Romanorum"*, lo que implicaba ser flagelado sin límites de golpes[120].

Jesús fue durísimamente flagelado.

Por lo tanto, podemos suponer, que cuando los verdugos suspendieron la tortura, Cristo debió haber quedado al límite extremo de la resistencia física. Realmente había de quedar bañado en sangre y hecho todo Él una sola llaga. Así lo veía, Monseñor Ricci, contemplando la imagen de Cristo flagelado en la Sábana Santa: *"Cuando dirigimos nuestra mirada atenta sobre la imagen impresa en la Sábana Santa, no se nos presenta la figura del Cuerpo de Nuestro Señor, distinta de aquella proféticamente anunciada por el Salmista en el Salmo 128, 3: 'Sobre mi espalda metieron el arado y alargaron los surcos': parece que el Salmista observa un campo, sobre el cual el arado, pasando, ha dejado surcos profundos; son los surcos del odio hacia el Amor Encarnado; la respuesta de los impíos al Amor del Hijo de Dios: '¡Cuánta guerra me han hecho desde mi juventud – que lo diga Israel –, cuánta guerra me han hecho desde mi juventud, pero no pudieron conmigo. Sobre mis espaldas metieron el arado y alargaron los surcos. Pero el Señor que es justo, rompió las coyundas de los malvados!' (Salmo 128, 1-4)"*[121] **(Figura 30)**.

Así aparece Jesús en la Síndone, herido y sangrante, hecho una sola llaga, conforme a lo que había predicho de Él el profeta Isaías: *"La cabeza toda está enferma, toda entraña doliente. Desde la planta del pie hasta el vértice de la cabeza no hay en él cosa sana: golpes, magulladuras, heridas frescas, ni cerradas, ni vendadas, ni ablandadas con aceite"*[122].

---

120   B. Barberis – L.F. Rodella – G. Pierucci – M. Labanca – A. Majorana – G. Farronato – M. Boccaletti, *Autopsia dell'Uomo della Sindone*, Torino 2015, p. 83: "*Todos los autores del pasado están de acuerdo en sostener que la flagelación se aplicó 'more romanurum', es decir sin límite de golpes, y no 'more judaeorum' (cuarenta golpes menos uno); cuando el cuerpo aparecía llagado 'a planta pedis usque ad verticem capitis' (desde la planta de los pies hasta el vértice de la cabeza) ahí se concluía la flagelación*".

121   G. Ricci, *L'Uomo della Sindone*, Roma 1966, p. 101.

122   Isaías 1, 5-6.

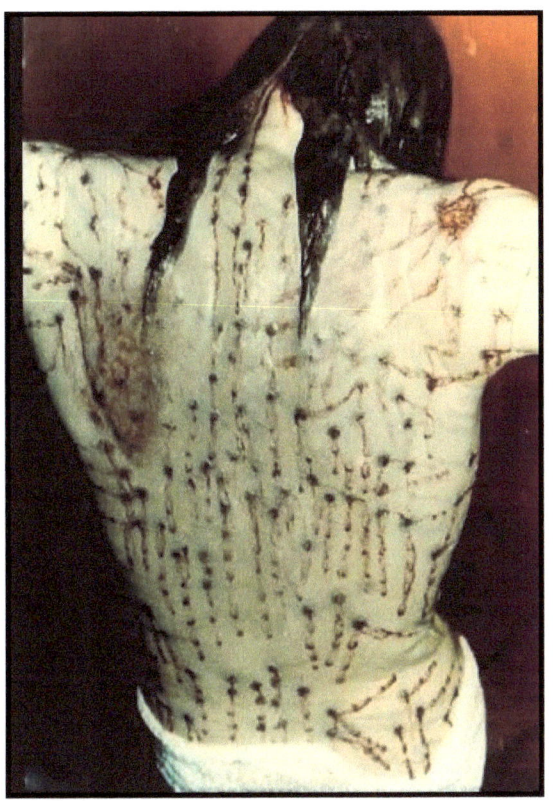

Figura 30: Detalle del crucifijo Sindonico, obra de Mons. Ricci. Particular del dorso con los signos de la flagelación.

Por eso, delante de Jesús todo desgarrado por nuestras iniquidades, San Bernardo exclamaba: "*¡Oh buen Jesús, nosotros hemos pecado y Tú has hecho el gasto!*"[123].

---

[123] Citado por San Alfonso María de Ligorio. Cfr. SAN ALFONSO MARIA DE LIGUORI, *Meditazioni per laici e persone consacrate*, vol I, Cittá del Vaticano 2003, p. 172.

Contemplando con mucho afecto y compasión el cuerpo flagelado de Cristo, también se nos vienen a nuestra memoria aquellas otras profecías de Isaías sobre este preciso tormento: *"Ofrecí mis espaldas a los que me golpeaban"*[124]. Tormento que Cristo sufrió por nuestros pecados, como muy claro lo dice el mismo Profeta: "¡Y con todo eran nuestras dolencias las que él llevaba y nuestros dolores los que soportaba! Nosotros le tuvimos por azotado, herido de Dios y humillado. Él ha sido herido por nuestras rebeldías, molido por nuestras culpas. El soportó el castigo que nos trae la paz, y con sus cardenales hemos sido curados. Todos nosotros como ovejas erramos, cada uno marchó por su camino, y Yahveh descargó sobre él la culpa de todos nosotros... Fue arrancado de la tierra de los vivos; por las rebeldías de su pueblo ha sido herido."[125].

Todas las profecías referidas al Mesías Sufriente, ciertamente que el Señor las conocía perfectamente y que las tuvo vivamente presente a lo largo de toda su vida. Incluso, después de resucitado, se las recordará a sus discípulos, enseñándoles, que eran todos vaticinios que se referían a Él y a su dolorosa Pasión, así sucedió en la aparición a los discípulos de Emaús, según lo narra el evangelista San Lucas: *"¿No era preciso que el Mesías padeciese esto y entrase en su gloria? Y, comenzando por Moisés y por todos los Profetas, les fue declarando cuanto a Él se refería en todas las Escrituras"*[126].

8. Duración.

Una vez establecido que Jesucristo fue flagelado según el modo romano *"more romanorum"*, y luego de haber calculado el número aproximado de golpes, es decir alrededor de 120, de acuerdo con muchos otros estudiosos, el cirujano José de Palacios Carvajal[127], deduce que:

---

124   Isaías 50, 6.

125   Isaías 53, 4-6.8.

126   San Lucas 24, 26-27.

127   José de Palacios Carvajal, profesor de Traumatología y Ortopédica en la Facultad de Medicina de Madrid. Ha sido presidente de la Sociedad Española de Cirugía Ortopédica y

"La flagelación de Jesús tiene que haber durado aproximadamente unos 45 minutos"[128].

Después que Cristo recibió los últimos azotes y después que lo desataron de la baja columna, probablemente cayó exhausto en un charco de sangre. Escena por la cual, muy bien se pueden aplicar a Jesús y a su flagelación, aquellas palabras de Isaías: *"Y ¿Por qué está de rojo tu vestido y tu ropaje como el de uno que trabaja en el lagar?"*[129].

9. Los regueros de sangre revelan la posición de Cristo durante la flagelación.

Llegados a este punto de la investigación, nos podemos preguntar: ¿Este complejo fenómeno de las marcas de los azotes, presentes sobre la Sábana Santa, nos permiten profundizar aún más sobre la flagelación? Podemos responder que sí, ya que en torno a casi todas esas marcas dejadas por el *"flagellum taxillatum"* en la epidermis lacerada, se encuentran signos de sangre, más precisamente se encuentran regueros de sangre, que lógicamente, ofrecerán datos que permitirán ahondar aún más en el doloroso misterio de la flagelación.

Al respecto, Monseñor Giulio Ricci, afirma taxativamente: *"es por lo tanto la sangre, fisiológicamente entera, infalsificable, que ofrece elementos indispensables de reflexión"*[130].

Antes de pasar al estudio detallado y propio de los regueros de sangre, que se encuentran en la Sábana Santa como efecto de la flagelación, nos parece importante ofrecer algunas conclusiones obtenidas acerca de algunos análisis hechos sobre la sangre misma.

Hablamos de resultados indiscutibles, por ejemplo que: *"se trata

---

Traumatología (SECOT) y de la Sociedad de Cirugía de la Cadera (SECCA).
128   J. de Palacios Carvajal, *La Sábana Santa Estudio…*, p. 93.
129   Isaías 63, 2.
130   G. Ricci, *La Sindone Contestata, Difesa, Spiegata*, Roma 1992, p. 155.

de sangre humana, del grupo AB, como ha demostrado un equipo de expertos en medicina legal de la Universidad de Turín; que contiene una gran cantidad de bilirrubina[131] como sucede en los sujetos que han sufrido muerte violenta"[132].

La presencia de gran cantidad de bilirrubina, además de indicar que ha sufrido un gran tormento, es lo que causa que las manchas de sangre, tengan ese color rojo tan intenso y tan característico de la Sábana Santa **(Figura 31)**.

Figura 31: Fotografía ampliada de la mancha de Sangre que se encuentra sobre la frente, debido a la coronación de espinas.

El análisis atento de esos regueros de sangre, que salen de las heridas causadas por el *"flagellum"*, será clave para resolver el tema de

---
131 Cfr. B. Frale, *La Sindone di Gesú...*, p. 84-85; E. Marinelli, *La Sindone Testimone di...*, p. 77; D. De Matteis – A. P. Bramanti, *Sacra Sindone...*, p. 66-68.
132 B. Frale, *La Sindone di Gesú Nazareno*, Bologna 2009, p. 84.

la posición que tuvo Cristo durante la flagelación. No es un estudio fácil porque, no todos los reguerillos de sangre salidos de las heridas de los azotes han quedado igualmente marcados. Algunos, según su ubicación, han quedado debilitados, algo borrosos o esfumados y como absorbidos por los vestidos de Cristo.

Los reguerillos de las extremidades inferiores (muslos y tibias), son nítidos y dirigidos verticalmente hacia abajo.

En las zonas laterales del dorso y en la parte superior de la espalda, se distinguen muchos de estos reguerillos de sangre. Pero con la siguiente particularidad: saliendo de la misma herida, unos van hacia abajo (paralelos a la columna vertebral) y otros hacia los lados (perpendiculares a la columna vertebral), con un ángulo mayor o menor de inclinación respecto a la vertical del cuerpo según el sitio en que se hallan. Algo parecido puede observarse en los reguerillos formados sobre la cintura y las regiones glúteas[133].

"Si queremos indagar el origen de este hecho – dice Monseñor Ricci – *tendremos que concluir que se debe a dos posiciones tomadas por el cuerpo del flagelado durante y después de la flagelación"*[134]. Mientras era azotado, los reguerillos caían hacia los lados del cuerpo; al tomar el flagelado la posición erguida – de pie o sentado –, después de azotado, los reguerillos fluyeron hacia abajo. Buscando siempre donde había mayor pendiente **(Figura 32)**.

Por lo tanto, el análisis de los regueros de sangre nos dice que Cristo fue flagelado estando inmovilizado con ataduras; amarrado a una columna baja, de menos de un metro de altura, que le obligaba a tomar una posición curva en modo tal que presentaba mejor la espalda a los golpes de los flageladores[135]. A la misma conclusión llegaron los cien-

---

133   Cfr. M. Solé, *La Sábana Santa...*, p. 202.
134   G. Ricci, *La Sindone Santa...*, p. 56.
135   Algunos estudiosos, también hay que decirlo, sostienen que Cristo fue flagelado en dos posiciones, primero atado a una columna baja, por lo tanto en una posición curva, pero que también, en un segundo momento, fue flagelado estando erguido, en una posición totalmente vertical. No hay contradicción entre una y otra opinión. Es importante aclarar, que

tíficos de la NASA Jackson y Jumper: *"El Hombre de la Síndone no fue flagelado de pie... sino en posición curva"*[136].

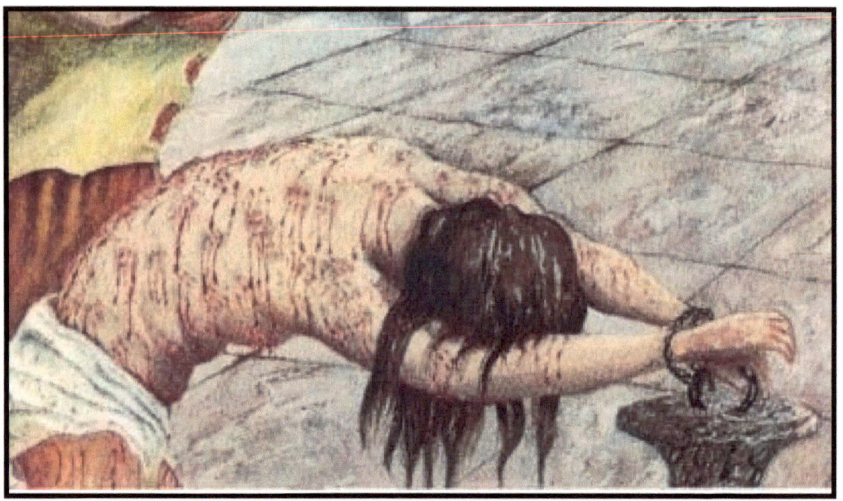

Figura 32: Reconstrucción parcial de la flagelación con el detalle de los regueros de sangre.

Otro dato muy importante que ofrece el estudio minucioso de estos regueros de sangre causados por los azotes, es el siguiente: se trata de regueros que tienen un trazado irregular, regueros que Monseñor Ricci con gran precisión ha llamado *"temblorosos"*, es decir que indican "temblor"[137] **(Figura 33)**.

Lo que da a entender claramente que Jesús, durante la cruel flagelación, tuvo que hacer algunos movimientos convulsivos o contorsiones instintivas debido al dolor agudo y terrible de los golpes que recibía con el *"flagellum taxillatum"*[138] **(Figura 34)**.

---

al menos todos están de acuerdo en que ciertamente fue flagelado primero, estando en una posición curva. Cfr. A. TORNIELLI, *Sindone Inchiesta sul Mistero*, Milán 2010, p. 34.

136   Cfr. M. SOLÉ, *La Sábana Santa...*, p. 203.
137   G. RICCI, *L'Uomo della Sindone é Gesú...*, p. 56
138   G. RICCI, *L'Uomo della Sindone é Gesú...*, p. 171; M. SOLÉ, *La Sábana Santa...*, p. 202.

Figura 33: Esquema de los regueros de sangre de los azotes. Regueros que no muestran un recorrido regular, sino que muestran claras señas de temblor.

Figura 34: Movimientos convulsivos o contorsiones instintivas, resultado de la terrible flagelación.

10. CASTIGO EN SÍ

La reconstrucción de la flagelación de Cristo que estamos haciendo siguiendo los datos precisos que nos ofrece la Sábana Santa, está totalmente de acuerdo con otro particular confirmado por la historia, la arqueología y con cuanto nos dejan entender los Evangelistas, y es lo siguiente: la flagelación infligida a Jesús no fue la tortura que en el uso romano precedía a la crucifixión, sino un castigo a parte, independiente[139], un castigo que era un fin en sí mismo[140], con el cual Pilato intentaba poner fin al *"caso Jesús de Nazareth"*, por eso Pilato decía: *"después de haberle dado una lección lo libraré"*[141].

En el Evangelio de San Lucas se narra que Pilato por dos veces declara querer liberar a Cristo[142], y esto después de haberle dado una lección (la flagelación). Y en el Evangelio de San Juan[143] resulta claro que la decisión de crucificar a Cristo, Pilato la tomó independientemente de la flagelación ya infligida y después que hubo intentado de conmover a

---

139 Cfr. J.L. CARREÑO ETXEANDÍA, *La Sindone...*, p. 53.

140 El P. Manuel de Tuya, O.P. sostiene que: *"la flagelación podía ser un tormento aislado, sin ir unido a una sentencia de muerte. Precisamente Pilato con el 'Ecce Homo' pretende liberar a Cristo de la muerte"*. M. DE TUYA, *Del Cenáculo al...*, pp. 462-463.

141 San Lucas 23, 22.

142 San Lucas 23, 4.16-22: *"Pilato dijo a los sumos sacerdotes y a la gente: '**Ningún delito encuentro en este hombre**'... Así que le castigaré y le soltaré. Toda la multitud se puso a gritar a una: ¡fuera ese, suéltanos a Barrabás! Éste había sido encarcelado por un motín que hubo en la ciudad y por asesinato. Pilato les habló de nuevo, intentando librar a Jesús, pero ellos seguían gritando: ¡Crucifícale, crucifícale! Por tercera vez les dijo: Pero ¿qué mal ha hecho éste? **No encuentro en Él ningún delito que merezca la muerte**; así que le castigaré y le soltaré"*.

143 San Juan 18, 39-19, 6: *"Pero es costumbre entre vosotros que os ponga en libertad a uno por la Pascua ¿Queréis, pues, que os ponga en libertad al Rey de los judíos? Ellos volvieron a gritar diciendo: ¡A ese, no; a Barrabás! Barrabás era un salteador. **Pilato entonces tomó a Jesús y mandó azotarle**. Los soldados trenzaron una corona de espinas, se la pusieron en la cabeza y le vistieron un manto de púrpura; y, acercándose a él, le decían: Salve, Rey de los judíos. Y le daban bofetadas. Volvió a salir Pilato y les dijo: Mirad os lo traigo fuera para que sepáis que **no encuentro ningún delito en él**. Salió entonces Jesús fuera llevando la corona de espinas y el manto de púrpura. Les dijo Pilato: Aquí tenéis al hombre. Cuando lo vieron los sumos sacerdotes y los guardias, gritaron: ¡Crucifícalo, crucifícalo! Les dice Pilato: Tomadlo vosotros y crucificadle, **porque yo ningún delito encuentro en él**"*.

la masa mostrando a Jesús con ¡todo el cuerpo convertido en una llaga, coronado de espinas y vestido de púrpura![144]. El *"Ecce Homo"*[145], *"He aquí el Hombre"* **(Figura 35)**.

Figura 35: Pintura de Mons. Ricci donde muestra a Cristo como "Ecce Homo".

---

144   San Marcos 15, 17: *"Le visten de púrpura y, trenzando una corona de espinas, se la ciñen"*.
145   San Juan 19, 5.

Todo este contexto es lo que explica una flagelación tan dura por faltas leves. Ese fue el propósito misericordiosamente cruel, de Pilato, que quería descarnar, destrozar a Cristo para conmover a la masa enardecida y así no entregarlo a la muerte de cruz.

La Sábana Santa lo confirma todo, resultando claro que Cristo fue azotado por un *"crimen leve"*, azotado por algunas faltas no dignas de muerte, únicamente fue a manera de escarmiento. Si hubiera cometido un crimen de pena capital, es decir que hubiera merecido la muerte, hubiera sido condenado directamente a la cruz.

Ahora bien, los condenados a morir en cruz eran ciertamente azotados previamente; pero este azotamiento tenía lugar camino del suplicio, para obligarles a avanzar. Para ello iban desnudos y los golpes caían sobre ellos sin ningún orden. Los mismos reos, con sus movimientos espontáneos para evitar los golpes, contribuían a ello.

Pero hemos visto detalladamente, que la flagelación de Cristo fue infligida con un gran método y precisión en la distribución y en la dirección de los golpes, algo imposible con el reo y los verdugos en movimiento. *"La misma regularidad de los numerosos golpes del 'flagellum taxillatum' geométricamente bien distribuidos* – dice Monseñor Ricci – *nos revelan la ejemplaridad de la Lección"*[146]. Las conclusiones del estudio de la dirección de los regueros de sangre, confirma además, que Jesús fue azotado, mientras estaba atado a una columna baja, en una posición curva.

Podemos agregar otros datos, que ofrece la Sábana Santa y que van confirmando todo lo anterior.

Primero (parte superior de la espalda y patíbulo): como es sabido, Jesús llevó atado sobre sus espaldas el patíbulo, es decir, la parte horizontal de la cruz y sobre el que había de ser crucificado. Ahora bien, este madero, dejó sobre la parte superior de sus espaldas, unas marcas a modo de fuertes escoriaciones que al mismo tiempo han deformado,

---

146   G. Ricci, *Emmaus la Santa Sindone e il suo* messaggio, in Quaderni di Studi Sindonici n° 4, Roma 1986, p. 100.

prensando y magullando, unas 20 marcas de las heridas de los azotes. Señal evidente de que este condenado había sido azotado antes de la subida al calvario y no durante ella, de lo contrario, esas marcas deformadas no tendrían que existir, ya que esa parte de la espalda, tendría que haber estado protegida por el madero que llevaba encima[147]. **(Figura 36)**.

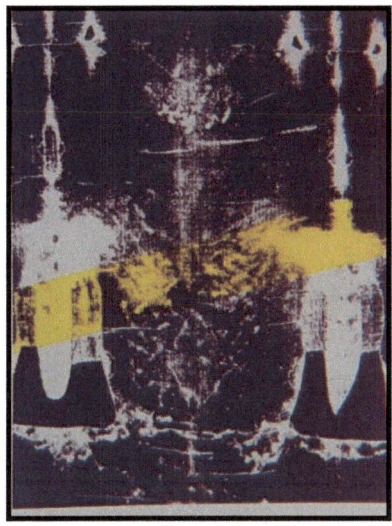

Figura 36: Imagen del dorso particularmente dañado, en amarillo la posición del patíbulo (palo horizontal de la cruz) mientras era cargado hasta el Calvario, al mismo tiempo, se observan las marcas de la flagelación deformadas y prensadas por el peso del patíbulo.

Segundo (tibia izquierda y soga): a su vez, el patíbulo o palo horizontal de la cruz, estaba atado fuertemente en posición oblicua, desde la derecha a la izquierda, y estaba también asegurado al tobillo izquierdo con una soga. De hecho, la Sábana Santa, evidencia en la tibia izquierda, las marcas de la presencia de una cuerda que con el roce ha

---

147 Cfr. G. Ricci, *L'Uomo della Sindone* é Gesú..., p. 167-170.

dejado sus huellas. Esa soga, al moverse de abajo hacia arriba, según los movimientos y caídas de Cristo, fue desfigurando las heridas del *"flagellum taxillatum"* que tanto habían maltratado las tibias, en especial las pantorrillas. Si Cristo hubiera sido flagelado durante el camino al Calvario, esas marcas de los azotes no se verían tan deformadas como se pueden ver[148] **(Figura 37a y 37b)**.

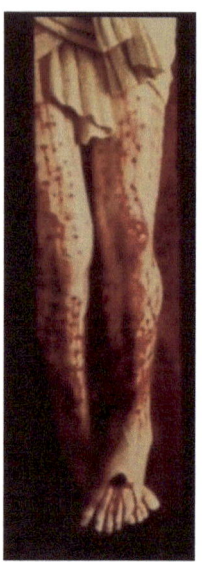 

Figura 37a (izquierda): Particular del crucifijo Sindónico, obra de Mons. Ricci, se observan sobre la pierna izquierda los signos de la soga que unía el tobillo con el extremo del patíbulo. Figura 37b (derecha): Reconstrucción pictórica del modo en el cual los condenados a la crucifixión llevaban la cruz.

Queda así aclarado por los Santos Evangelios, por la historia, por la arqueología y confirmado por la Sábana Santa de Turín, que Jesús no fue flagelado por las calles de Jerusalén, mientras cargaba el *"patíbulo"*, sino que la flagelación fue un castigo en sí, que se trató de una durísima

---

148 Cfr. G. Ricci, *L'Uomo della Sindone* é Gesú..., pp. 172-173.

y cruel lección que, en la mente de Pilato tenía que poner fin al castigo y al proceso de Jesús.

11. La cuantificación energética

Los estudios continúan, porque hay aspectos que todavía se pueden investigar. Por ejemplo, Jackson y Jumper, se han dedicado a calcular *"la fuerza del impacto de los golpes"*, y en consecuencia, también la estatura, la fuerza muscular, la robustez de los mismos flagelantes[149].

Los golpes eran tan violentos, que no solo dejaban las marcas de los *"taxilli"* o de las bolitas de plomo o hueso, sino que también han quedado marcadas las cuerdas que unían ambas bolitas o huesos[150] **(Figura 38)**.

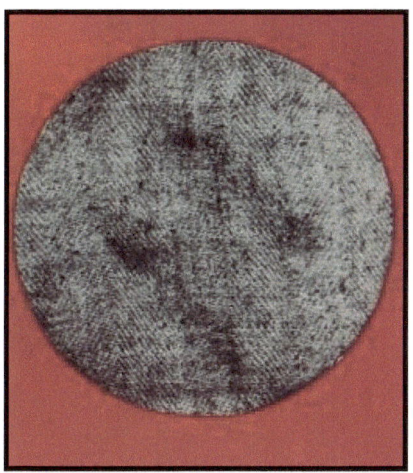

Figura 38: Fotografía ampliada de las marcas dejadas en el cuerpo del Hombre de la Sábana Santa por el terrible "flagellum".

---

149   Cfr. M. Solé, *La Sábana Santa de…*, p. 200.
150   Cfr. G. Ricci, *La Sindone Santa…*, p. 46.

12. La fisiopatología de la Flagelación

El último análisis sobre la flagelación de Cristo según la Sábana Santa de Turín, nos lleva a considerar la fisiopatología de la flagelación[151].

Las consecuencias de la flagelación fueron tremendas. Alrededor de 120 golpes contundieron de gravedad la musculatura subyacente; provocaron además la ruptura de vasos y hemorragias múltiples, un sangrado abundante en cada herida y dolor lacerante en cada golpe, dolor que se hacía mayor cuando coincidían con zonas ya traumatizadas. Todo ello no pudo significar más que una severa disminución de la capacidad de resistencia de Jesús.

Por eso, no cabe la menor duda de que el estado con que Jesús ha llegado a la cruz debió ser mucho peor del que tenían otros crucificados.

Los golpes de látigo, evidentemente han provocado lesiones en la piel, en los músculos, y especialmente en los siguientes órganos: los pulmones, el corazón, y los riñones, todos órganos situados alrededor de la zona dorsal o torácica.

Analicemos brevemente, por partes, algunas de las lesiones causadas por la flagelación:

a) La Piel

La piel ha sido muy maltratada en casi todo el cuerpo. Toda la piel de Cristo había quedado muy sensible por el sudor de sangre, es decir la *"hematidrosis"*, además, como dice Santo Tomás de Aquino: *"Cristo estaba dotado de un cuerpo perfectísimamente complexionado, puesto que había sido formado milagrosamente por obra del Espíritu Santo...*

---

[151] Seguiremos en este punto el excelente estudio realizado por el Dr. José de Palacios Carvajal en: J. de Palacios Carvajal, *La Sábana Santa Estudio de un cirujano*, Madrid 2009, pp. 98-102.

Por esto poseyó una sensibilidad exquisita en el tacto, de cuya percepción se sigue el dolor"[152]. En la Sábana Santa los científicos han encontrado rastros de piel escoriada literalmente arrancada por los golpes de la flagelación[153] **(Figura 39)**.

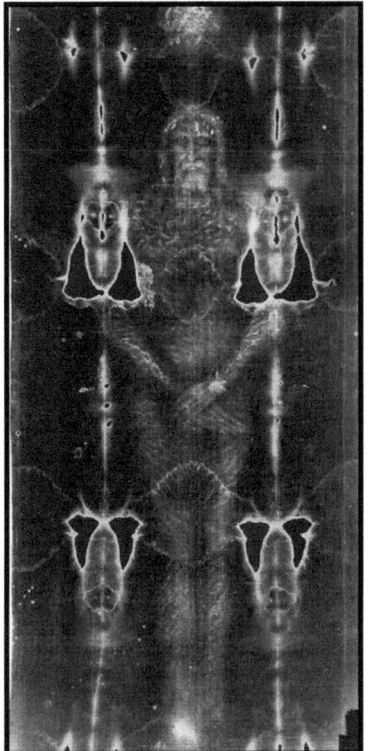 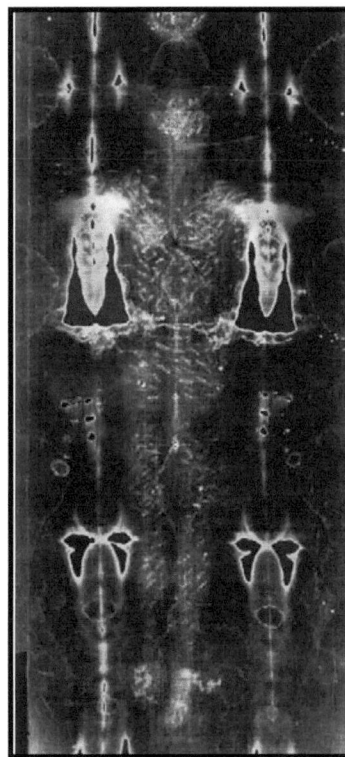

Figura 39: Los signos de la flagelación aparecen por todo el cuerpo como si fueran una constelación.

---

152 Santo Tomás de Aquino, Suma Teológica, III, q. 46, a. 6, c.
153 B. Frale, *La Sindone e il...*, p. 100.

b) Hemorragia de sangre

La flagelación, lesionando una gran superficie del cuerpo de Cristo, causará una hemorragia abundante de sangre. Explica el Dr. Baima Bollone: *"La flagelación provoca no solo lesiones contusas como escoriaciones y equimosis, sino que también causa heridas lacerantes. De aquí que se produce un imponente shock traumático y hemorrágico que debilita la resistencia del condenado"*[154] **(Figura 40)**.

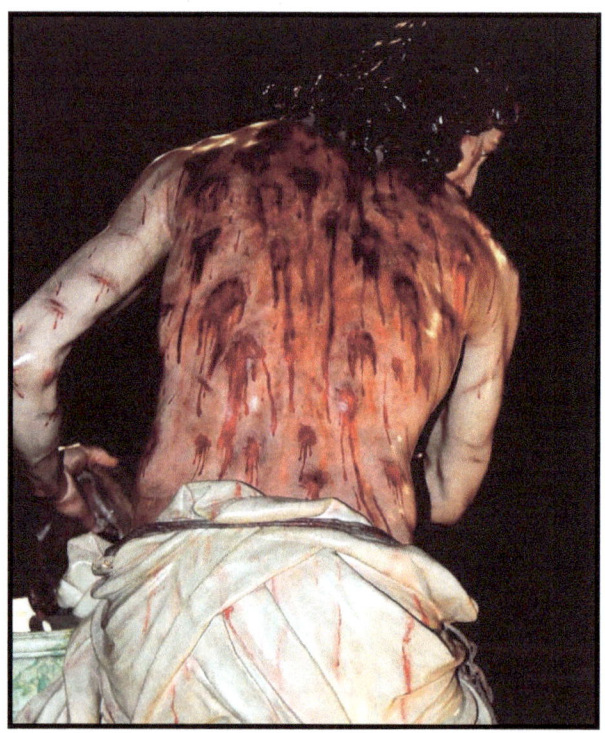

Figura 40: Particular de una escultura que representa la cruel flagelación.

---

154   P. Baima Bollone. *Sindone e scienza...*, p. 64.

c) Los músculos

Los músculos fueron tremendamente golpeados. Según el cirujano Palacios Carvajal: *"En caso de destrucción muscular, los movimientos que dependen de los músculos lesionados se harán difíciles o imposibles y, en todo caso, muy dolorosos y limitados"*[155]. Esto nos lleva a pensar lo fatigoso y difícil que tiene que haber sido para Cristo subir caminando hasta el Calvario, ya que tenía destruidos los músculos de las piernas que, como hemos visto más arriba, fue uno de los lugares más azotados. Además, efecto de la terrible flagelación, como hace notar el Doctor R. Gily, debió ser una importante pérdida de sangre, una contusión torácica con lesiones músculo-aponeuróticas y aún tal vez óseas y de la pleura. Y siendo los grandes músculos de la pared torácica (el pectoral, el dorsal, el serrato, los intercostales) músculos de la inspiración, al quedar ellos lesionados y con hematomas, dificultaban grandemente la respiración[156] **(Figura 41)**.

d) El corazón

Este órgano está envuelto en una membrana serosa inextensible – el pericardio – y allí dentro trabaja el músculo cardíaco. Tanto dolor, tanto sufrimiento, tantos golpes, deben haber afectado necesariamente a este órgano, produciendo acumulación de líquido entre el corazón y el pericardio, lo que conlleva, aparte de dolor en cada contracción, una disminución mecánica del relleno cardíaco, y puede crear también una disminución grande de su eficacia. Estas lesiones dan lugar a una arritmia. Para funcionar correctamente, el corazón tiene que alternar períodos de reposo suficientemente prolongados (mientras se está rellenando) y contracciones suficientemente fuertes y completas (para vaciarse). Si en lugar de esta secuencia de contracción y reposo, hace una serie de pequeñas contracciones superficiales interrumpidas por tiempos de reposo mínimos, verdaderamente nunca se rellenará del todo ni se vaciará del todo como sucede con las taquicardias, y su trabajo será muy doloroso y mucho menos eficaz **(Figura 42)**.

---

155 J. de Palacios Carvajal, *La Sábana Santa Estudio…*, p. 98.
156 Cfr. M. Solé, *La Sábana Santa de…*, p. 204.

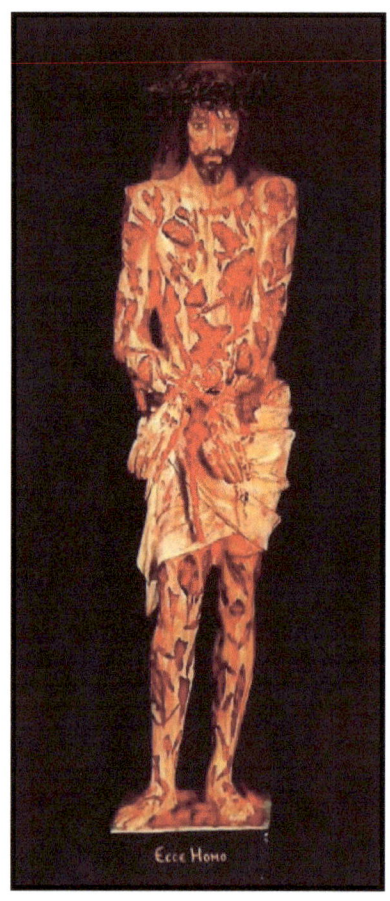

Figura 41: Escultura que representa la flagelación en todo el cuerpo.

Figura 42: Particular del Cristo Crucificado de Córdova (España).

e) Los pulmones

Los pulmones son dos sacos con contenido esponjoso llenos de aire y rodeados de una membrana serosa, la pleura; son elásticos y tienen tendencia a vaciarse sobre sí mismos. En el caso de un traumatismo el espacio pleural exuda o se rellena de sangre (lo que se llama un hemotórax), que provoca dolor en cada movimiento respiratorio y una disminución de la ventilación pulmonar. Este cuadro produce una acidosis, una gran transpiración y una fuerte deshidratación, al mismo tiempo aumenta la hipovolemia, es decir la disminución del volumen circulante de sangre **(Figura 43)**.

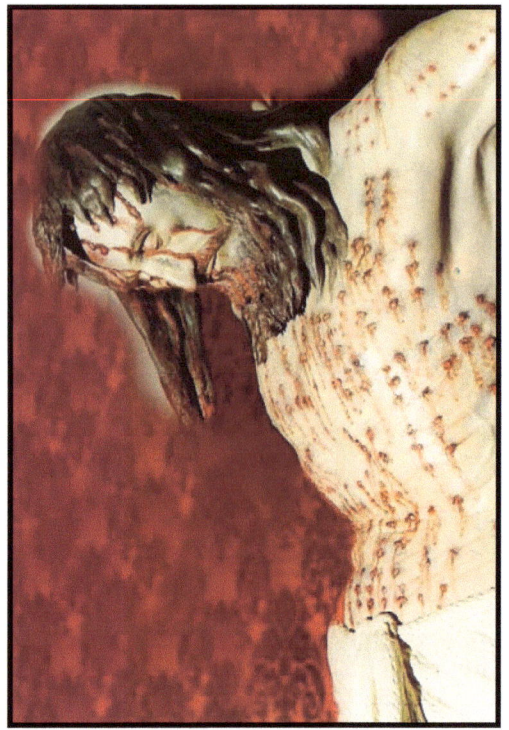

Figura 43: Particular del crucifijo sindónico obra de Monseñor Giulio Ricci.

f) Los riñones

Los riñones son otro órgano a tener en cuenta, ubicados en la cara posterior del tronco, fácilmente lesionados por los golpes del flagelo, lo que tuvo que haber dado lugar a un edema, a la acumulación de líquidos y a una alteración de su funcionamiento, lo que se llama insuficiencia renal; lógicamente con serias consecuencias para el resto del organismo **(Figura 44)**.

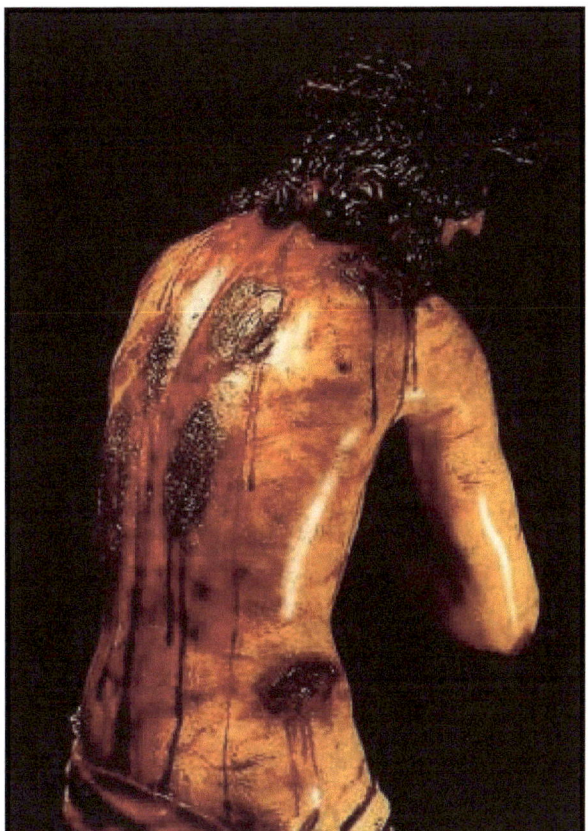

Figura 44: Particular de un "Ecce Homo".

A modo de síntesis, podemos decir que: después de la flagelación Jesús está gravemente afectado físicamente: titubea, cae, y no tiene fuerzas para llevar solo la cruz. La piel y los músculos están lacerados, el cuero cabelludo desgarrado; sangra, y tiene una amplia contusión torácica con hemotórax que le hace difícil y doloroso respirar. Sus riñones están virtualmente demolidos; casi no funcionan. Jesús, que pocas horas antes de la flagelación, gozaba de una óptima salud, ahora está devastado; y en ese estado va a ser crucificado **(Figura 45)**.

Figura 45: Reconstrucción de la impronta dorsal después de la flagelación.

Una vez crucificado, las lesiones causadas por la flagelación se van a agravar como consecuencia de permanecer colgado de las manos, lo que dificultará más la respiración y aumentará más el trabajo del corazón en condiciones ya de por sí difíciles. Las taquicardias son el fiel reflejo del dolor intenso causado por las hemorragias producidas por el látigo y la corona de espinas. El corazón en esos instantes está sometido a un aumento brutal de su carga de trabajo, mientras el oxígeno empieza a faltar cada vez más. Se produce un aumento notable de la temperatura corporal, que desemboca en una fiebre muy alta, los músculos casi no trabajan, se dan fuertes calambres y una dolorosa rigidez muscular.

13. Resumen: El dolor

La Sábana Santa, fiel testigo de la Pasión, nos permite conocer y participar con más intensidad, sobre las últimas horas, tan dolorosas, de nuestro Redentor.

Después de ser flagelado con rara violencia, soportó el dolor de la piel arrancada, contusionada con alrededor de 120 golpes de flagelo; el dolor de los músculos destrozados por los impactos del látigo; el dolor de cada contracción cardíaca; el dolor de cada respiración; el dolor de tener coronada su cabeza con espinas, el dolor de cargar con el patíbulo y de tener que llegar casi arrastrándose hasta el lugar del suplicio.

El dolor espantoso de ser clavado vivo, de que los clavos atraviesen sus articulaciones y sus nervios.

El dolor de la sed ardiente, de las mucosas secas; el horrible dolor de los calambres incesantes; la desagradable sensación de una asfixia permanente, experimentando cada segundo de aquellos un dolor intolerable y atroz, que en la cruz serán tres largas horas[157].

Dolores físicos, y dolores morales, una fatiga intensa. Toda la Pasión de Cristo es un océano de dolor. Por eso, Santo Tomás de Villanueva, con toda razón en sus coloquios con Cristo se animaba a decir:

---
157   J. de Palacios Carvajal, *La Sábana Santa Estudio...*, pp. 102-103.

"Todo lo hiciste con número, peso y medida, Señor, pero no me amaste ni con número, ni con peso, ni con medida"[158].

---

158 M.A. Fuentes, *I.N.R.I.*, New York 2006, p. 118.

V. CONCLUSIÓN

El P. Luis de la Palma, S.J.[159], delante del misterio de la flagelación, reflexionaba de la siguiente manera: *"Este paso de los azotes a la columna es uno de los más insignes y devotos de la Pasión del Señor, por haber concurrido en él en sumo grado tanta afrenta, tanto dolor y tanto derramamiento de sangre, no de una ni de otra herida, sino de muchas y repartidas por su cuerpo, porque así quiso el Señor quedar llagado desde la planta del pie hasta la cabeza, para curar las llagas de su cuerpo místico"*[160].

La imagen de Cristo en la Sábana Santa, con todo su cuerpo lleno de heridas, nos lleva a considerar la grandeza de Jesús, la grandeza de su amor, porque Él sabía muy bien para lo que había venido, tenía plena conciencia de todo lo que le esperaba en su Pasión, hasta el mínimo detalle. Y Jesús no se echó atrás, sino que con paso decidido fue al encuentro de su dolorosa Pasión.

En el Evangelio tenemos que Jesús, al menos por tres veces, profetizó a sus discípulos su Pasión y que al menos una vez les avisó en concreto sobre su futura flagelación. Así lo narra el evangelista San Marcos: *"y comenzó a decirles lo que le iba a suceder: mirad que subimos a Jerusalén, y el Hijo del hombre será entregado a los sumos sacerdotes y a los escribas; le condenarán a muerte y le entregarán a los gentiles, y se burlarán de él, le escupirán,* **le azotarán** *y le matarán..."*[161]. Dice el P.

---
[159] P. Luis de la Palma, S.J. († 1641) fue un jesuita español y uno de los grandes maestros espirituales del Siglo de oro español.
[160] L. DE LA PALMA, S.J., *Historia de la Pasión*..., p. 197.
[161] San Marcos 10, 32-34.

Luis de la Palma, S.J.: "*Como quiera que sea Nuestro Maestro y Redentor Jesucristo se ofreció, porque quiso y ninguna violencia le puso en la cruz, sino su libre y amorosa voluntad, así cuanto más se acercaba el tiempo, más se acercaba al lugar de su Pasión y Muerte*"[162].

Creemos que pueden ser de utilidad a modo de conclusión, las palabras del Profeta Isaías, sobre Cristo sufriente por nosotros: "*No tenía apariencia ni presencia; (le vimos) y no tenía aspecto que pudiésemos estimar. Despreciable y desecho de hombres, **varón de dolores** y sabedor de dolencias, como uno ante quien se oculta el rostro, despreciable, y no le tuvimos en cuenta. ¡Y con todo eran nuestras dolencias las que él llevaba y nuestros dolores los que soportaba! Nosotros le tuvimos por azotado, herido de Dios y humillado*"[163].

La Virgen de los Dolores, nos conceda, la gracia de conocer y valorar la inigualable reliquia de la Sábana Santa, para que por su medio, conozcamos, amemos e imitemos más a Nuestro Señor Jesucristo, y que también nos conceda conocer y amar cada día más la Pasión de Cristo, esa Pasión que se hace verdadera, real y sustancialmente presente en cada Santa Misa[164].

Se lo pedimos, con una de las estrofas del hermoso "*Stabat Mater*":

---

[162] L. de la Palma, S.J., *Historia de la Pasión...*, p. 118.

[163] Isaías 53, 2-5.

[164] Así nos lo recuerdan las mismas palabras de Cristo para la consagración del pan y del vino: "*Tomen y coman todos de él, porque esto es mi cuerpo, que será **entregado** por ustedes*"; "*Tomen y beban todos de él, porque esto es el cáliz de mi sangre, Sangre de la alianza nueva y eterna que será **derramada** por ustedes y por muchos para el perdón de los pecados*". También muchas partes de la Santa Misa, nos recuerdan esta gran verdad, por ejemplo en la Plegaria Eucarística III rezamos: "*Así, Padre, al celebrar ahora **memorial de la pasión salvadora de tu Hijo**...*".

Varón de Dolores

"Santa Madre, esto te pido:
que se imprima en mi sentido
la dolorosa pasión,
que conmigo dividida
la lleve toda la vida
dentro de mi corazón".

Figura 46: La Virgen de los Dolores

VI. PEQUEÑO VOCABULARIO

Aponeurótica: Perteneciente o relativo a la aponeurosis

Aponeurosis: 1ª acepción: Membrana formada por tejido conjuntivo fibroso cuyos hacecillos están entrecruzados y que sirve de envoltura a los músculos. 2ª acepción: Tendón ensanchado en forma laminar.

Arritmia: 1ª Acepción: Falta de ritmo regular. 2ª Acepción: Irregularidad y desigualdad en las contracciones del corazón

Contusión: Daño que recibe alguna parte del cuerpo por golpe que no causa herida exterior.

Desgarro: Rotura o rompimiento.

Edema: Hinchazón blanda de una parte del cuerpo, que cede a la presión y es ocasionada por la serosidad infiltrada en el tejido celular.

Equimosis: Mancha lívida, negruzca o amarillenta de la piel o de los órganos internos, que resulta de la sufusión de la sangre a consecuencia de un golpe, de una fuerte ligadura o de otras causas.

Excoriación: Acción y efecto de excoriar.

Excoriar: Gastar o arrancar el cutis o el epitelio, quedando la carne descubierta.

Exudar: 1ª acepción: Dicho de un recipiente: Dejar que salga por sus poros o sus grietas un líquido o una sustancia viscosa. 2ª acepción: Dicho de un líquido o de una sustancia viscosa: Salir por los poros o las grietas del recipiente que lo contiene.

Fisiopatología: Estudio de la relación entre las funciones del organismo y sus posibles alteraciones.

Hematoma: Acumulación de sangre en un tejido por rotura de un vaso sanguíneo.

Hemorragia: Flujo de sangre por rotura de vasos sanguíneos.

Hemotórax: Entrada de sangre en la cavidad pleural.

Hipovolemia: Disminución de la cantidad normal de sangre.

Herido/da: 1ª acepción: Dañado por una **herida** o una contusión. 2ª acepción: **sangrienta** (que causa efusión de sangre). 3ª acepción: Perforación o desgarramiento en algún lugar de un cuerpo vivo. 4ª acepción: Golpe de las armas blancas al herir con ellas. 5ª acepción: **contusa**. La causada por contusión. || **herida penetrante**. La que llega a lo interior de alguna parte del cuerpo. || **herida punzante**. La producida por un instrumento o arma agudos y delgados.

Lacerar: 1ª acepción: Lastimar, golpear, magullar, herir. 2ª acepción: Dañar, vulnerar.

Llaga: 1ª acepción: Úlcera de las personas y animales. 2ª acepción: Daño o infortunio que causa pena, dolor y pesadumbre.

Moretón: Moradura de la piel.

Pericardio: Envoltura del corazón, que está formada por dos membranas, una externa y fibrosa, y otra interna y serosa.

Pleura: 1ª acepción: Cada una de las membranas serosas que en ambos lados del pecho de los mamíferos cubren las paredes de la cavidad torácica y la superficie de los pulmones. 2ª acepción: Parte de la pleura que cubre las paredes de la cavidad torácica. 3ª acepción: Parte de la pleura que está adherida a cada pulmón.

Taquicardia: Frecuencia excesiva del ritmo de las contracciones cardíacas.

Úlcera: Solución de continuidad con pérdida de sustancia en los tejidos orgánicos, acompañada ordinariamente de secreción de pus y sostenida por un vicio local o por una causa interna.

VII. BIBLIOGRAFÍA CONSULTADA

Ansón, F., *La Sábana Santa*, Madrid (1999).

Baima Bollone, P., *Sindone 101 domende e risposte*, Milano (2000).

Baima Bollone, P., *Sindone e scienza all'inizio del terzo millenio*, Torino (2000).

Baima Bollone, P.-Zaca, S., *La Sindone al microscopio. Esame medico-legale*, Torino (1998).

Baima Bollone, P., *2015 – La Nuova Indagine sulla Sindone*, Borgaro Torinese (To) (2015).

Balossino, N., *L'immagine della Sindone Ricerca fotografica e informatica*, Torino (1998).

Balossino, N., *Sindone immagini per la conoscenza*, Torino (2010).

Barberis, B.-Boccaletti, M., *Il Caso Sindone non é chiuso*, Seggiano di Pioltello (2015).

Barberis, B – Rodella, L.F. – Pierucci, G. – Labanca, M. – Majorana, A. – Farronato, G. – Boccaletti, M., *Autopsia dell'Uomo della Sindone*, Torino (2015).

Barberis, B.-Zaccone, G.M., *Sindone cento anni di ricerca* a cura di, Roma (1998).

Carreño Etxeandía, J.L., *La Sindone ultimo reporter*, Roma (1978).

Carreño Etxeandía, J.L., *Las Huellas de la Resurrección*, Navarra (1978).

Cassanelli, A., *La Sindone sulle orme di Mons. Giulio Ricci,* Roma (1998).

Coppini, L.-Cavazzuti, F., *Le icone de Cristo e la Sindone*, Milano (2000).

Danin, A., *Flores y plantas en la Sábana Santa,* Jerusalén (2011).

De Matteis, D.-Bramanti, A.P., *Sacra Sindone un mistero tra scienza e fede*, San Giorgio Jonico (2010).

De La Palma, L., *Historia de la Pasión,* Madrid (1967).

Fanti, G., *Sindone. La scienza spiega la fede*, Padova (2010).

Fanzaga, L., *Identikit di Gesù a partire dalla Sindone*, Milano (2010).

Fossati, L., *La Sacra Sindone. Storia documentata di una secolare venerazione.* Torino (2000).

Frale, B., *La sindone di Gesù Nazareno*, Ratignano (2009).

Frale, B., *La sindone e il ritrato di Cristo*, Terni (2010).

Ghiberti, G., *Sindone, Vangeli e vita cristiana*, Torino (1998).

Gral Carreño, J. E.- Gral Carreño, A. E., *Pasión, Proceso y Gloria de Jesús*, Buenos Aires (2000).

Hesemann, M., *Testimoni del Golgota. Le reliquie della passione di Gesù,* Cinisello Balsamo (2003).

Judica-Cordiglia, G., *L'Uomo della Sindone è il Gesù dei Vangeli?*,

Roma (1974).

Loring, J., *Motivos para creer*, Barcelona (1997).

Loring, J., *La Sábana Santa, dos mil años después*, Barcelona (2000).

Marinelli, E., *La Sindone Testimone di una presenza*, Milano (2010).

Moretto, G., *Piccola guida alla Sindone*, Torino (1997).

Moretto, G., *Sindone, la guida*, Torino (1998).

Palacios Carvajal, José de, *La Sábana Santa estudio de un cirujano*, Madrid (2009).

Ricci, G., *L'Uomo della Sindone*, Santa Maria degli Angeli (Assisi) (1966).

Ricci, G., *La Sindone Santa*, Roma (1979).

Ricci, G., *L'Uomo della Sindone* è Gesù, Santa Maria degli Angeli (Assisi) (1985).

Ricci, G., *La Santa Sindone e il suo messaggio*: Collana Emmaus, Roma (1986).

Ricci, G., *La Sindone Contestata Difesa Spiegata*: Collana Emmaus, Roma (1992).

Siliato, M. G., *El Hombre de la Sábana Santa*, Madrid (1987).

Sindon – Revista científia y plurilingüe del Centro Internazionale di Sindonologia, Turín.

Solé, M., *La Sábana Santa de Turín*, Bilbao (1986).

Tornielli, A., *Sindone. Inchiesta sul Mistero*, Milano (2010).

Tuya, Manuel de, *Del Cenáculo al Calvario*, Salamanca (1962).

Vercelli, P., *La Sindone nella sua struttura tessile*, Cantalupa (2010).

Zaccone, G.M., *L'immagine rivelata* a cura di, Torino (1998).

Zaccone, G.M., *La Sindone. Storia di una immagine.* Milano (2010).

Zoara, F., *Le Reliquie della Passione*, Trento (1933).

ÍNDICE

AGRADECIMIENTOS 9
I. INTRODUCCIÓN 11
II. LOS EVANGELIOS 25
III. LA HISTORIA Y LA ARQUEOLOGÍA 27
    1. More Judaeorum 27
    2. More Romanorum 28
IV. LA SÁBANA SANTA 33
    1. Flageladores 34
        a) En cuanto a la región dorsal 35
        b) En cuanto a la región frontal 36
    2. Marcas: tipo de flagelo 40
    3. Desnudo 48
    4. Flagelado con método y precisión 49

¿También fue flagelado en el Rostro? 51

5. Las partes que fueron más golpeadas 55

    a) Dorso 56

    b) Región pélvica 58

    c) Pantorrillas 59

6. Número de golpes 59

7. More Romanorum 63

8. Duración 66

9. Los regueros de sangre revelan la posición de Cristo durante la flagelación. 67

10. Castigo en sí 72

11. La cuantificación energética 77

12. La fisiopatología de la Flagelación 78

    a) La Piel 78

    b) Hemorragia de sangre 80

    c) Los músculos 81

    d) El corazón 81

    e) Los pulmones 83

    f) Los riñones.. 84

    13. Resumen: El dolor 87

V. Conclusión 89

VI. Pequeño Vocabulario 93

VII. Bibliografía Consultada 97

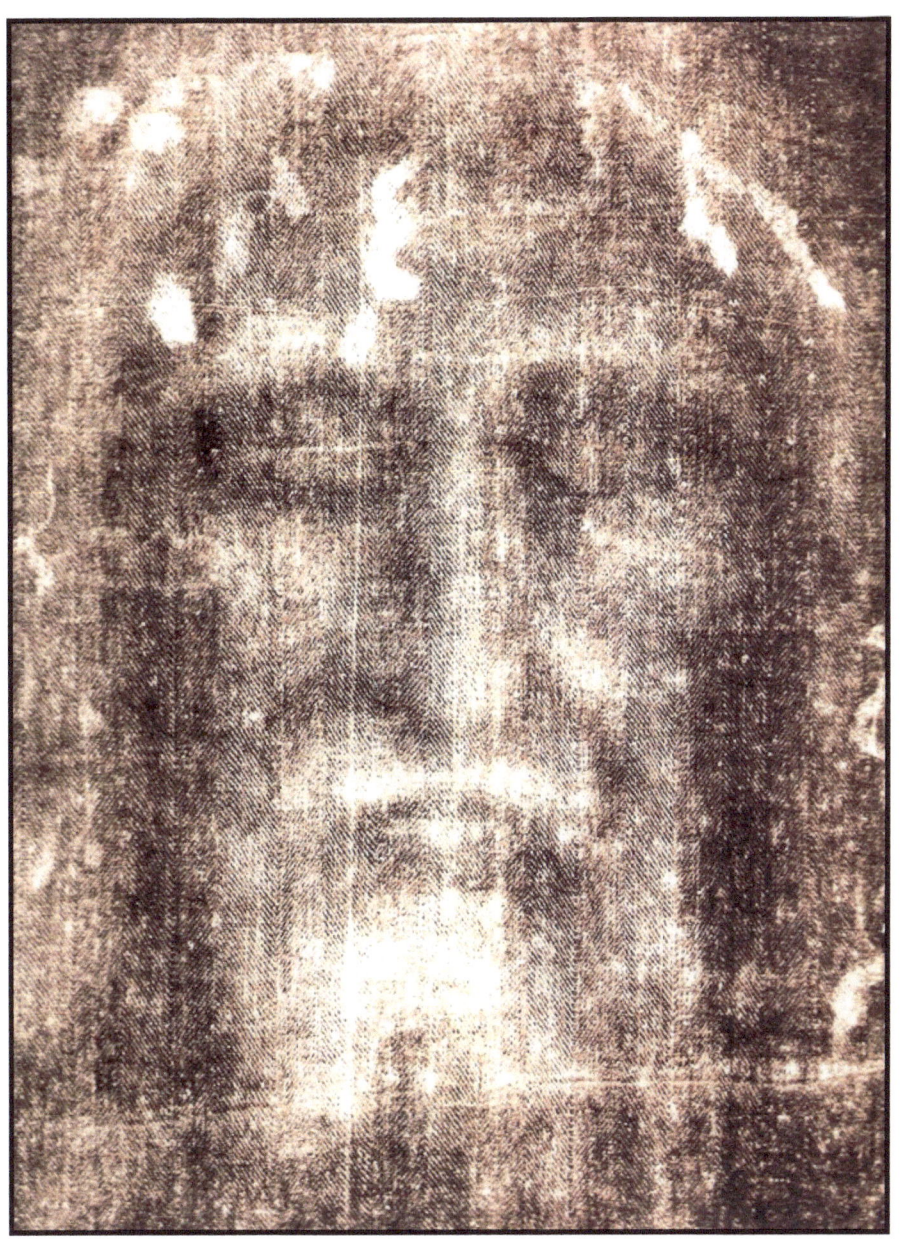

Figura 47: El autorretrato de Cristo autografiado con su Sangre.

Se terminó de imprimir
el 25 de noviembre de 2018
Solemnidad de Jesucristo Rey del Universo
en talleres gráficos de La Imprenta Ya SRL
Alferez Hipólito Bouchard 4381, B1605BNE Munro,
Provincia de Buenos Aires